군주론

현대지성 클래식 38

군주론

IL PRINCIPE

니콜로 마키아벨리 | 김운찬 옮김

현대
지성

니콜로 마키아벨리(1469-1527)
(산티 디 티토, 16세기 후반)

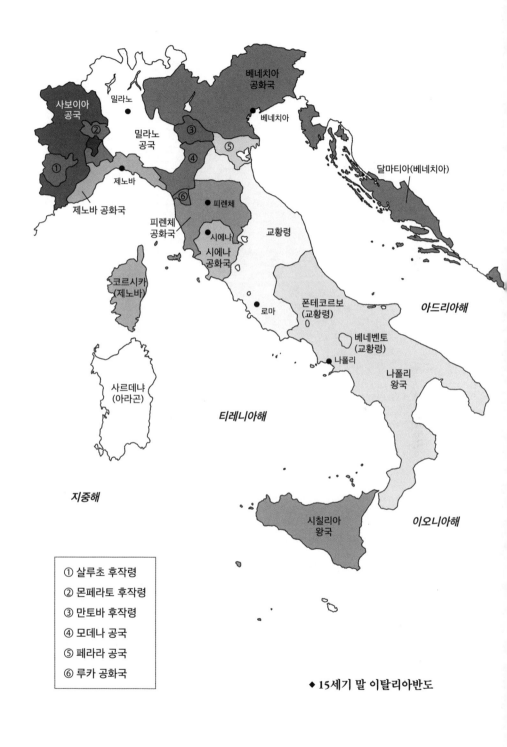

사보이아
공국

밀라노
●

밀라노
공국

제노바
●

제노바 공화국

② 몬페라토 후작령

① 살루초 후작령

베네치아
공화국

베네치아
●

③ 만토바 후작령

④ 모데나 공국

⑤ 페라라 공국

⑥ 루카 공화국

달마티아(베네치아)

피렌체
●

피렌체
공화국

시에나
●

시에나
공화국

교황령

코르시카
(제노바)

로마
●

폰테코르보
(교황령)

아드리아해

베네벤토
(교황령)

나폴리
●

나폴리
왕국

사르데냐
(아라곤)

티레니아해

지중해

시칠리아
왕국

이오니아해

① 살루초 후작령
② 몬페라토 후작령
③ 만토바 후작령
④ 모데나 공국
⑤ 페라라 공국
⑥ 루카 공화국

◆ 15세기 말 이탈리아반도

『군주론』을 읽기 전에

1. 마키아벨리는 이 책을 피렌체의 속어인 이탈리아어로 썼다. 하지만 초기 필사본들에서는 헌사와 각 장의 제목이 라틴어로 되어 있다. 글의 장중함과 엄숙함을 강조하기 위한 장치로 보인다. 1532년 로마에서 출판된 최초의 인쇄본에는 장 제목이 이탈리아어로 되어 있는데, 이는 마키아벨리가 쓰지 않았다고 짐작된다. 본문에서도 몇몇 중요한 표현은 라틴어 단어로 표기했다.

2. "헌사"에서는 이 책을 로렌초 데 메디치에게 헌정한다고 밝혔다. 여기에서 말하는 '로렌초'(Lorenzo)는 피에로 데 메디치(Piero de' Medici, 1472-1503)의 아들이며 교황 레오 10세(재위 1513-1521)의 조카인 로렌초(1492-1519)다. 1513년부터 피렌체를 통치했던 그

는 전성기 르네상스를 맞아 피렌체를 이끌던 '위대한 자' 로렌초 (Lorenzo il Magnifico, 1449-1492)의 손자다. 1513년 12월 10일, 마키아벨리는 절친한 친구이자 피렌체의 외교관이었던 프란체스코 베토리(1474-1539)에게 보낸 편지에서 『군주론』을 '위대한 자' 로렌초의 셋째 아들 줄리아노(1479-1516)에게 헌정하려고 하는데, 그가 읽지 않을 것 같다는 의구심이 든다고 토로했다. 그래서 훗날 헌정 대상을 바꾸었으며, 그 시기를 정확하게 알 수는 없다. 하지만 로렌초는 능력도 부족하고 용기나 역량도 보잘것없어서 『군주론』을 헌정받기에 합당한 인물이 아니라고 평가된다. 그리고 주석에서 메디치 일가를 지칭할 때는 관용에 따라 "메디치 가문"으로 표기했다.

3. "군주"는 이 책의 제목이자 논의의 중심 용어다. 이탈리아어로는 principe이며 '첫 번째 사람', '제일인자'를 뜻하는 라틴어 princeps에서 나온 용어인데, 마키아벨리는 여러 가지를 아우르는 포괄적인 개념으로 사용했다. 그런 점을 고려했기 때문인지 쿠엔틴 스키너(Quentin Skinner)와 러셀 프라이스(Russell Price)는 영역본에서 그간 주로 채택해온 prince 대신 ruler(지배자, 통치자)라고 옮겼다. 이 단어에서 파생된 principato(라틴어로는 principatus)는 맥락에 따라 '군주국'이나 '군주정' 또는 '군주권', 즉 '군주의 지위'를 의미하는데, 이 책에서는 주로 군주가 통치하는 나라인 '군주국'을 가리킨다. 당시 이탈리아는 군소국으로 나뉘어 있었고 그중에는 도시 규모의 작은 나라도 많았다.

4. 당시에는 장중하고 엄숙한 어조의 외교문서를 작성할 때 라틴어 접속사나 형식적인 문구를 많이 사용했다. 우리말로는 "따라서", "그리하여", "왜냐하면", "또한", "그럼에도 불구하고", "그러니까" 등이다. 이런 표현들이 원문 여러 곳에서 나타나는데, 맥락에 따라 약간 어색하거나 불필요해 보이더라도 저자의 의도를 살려 그대로 옮기려고 노력했다.

5. 원문은 조르조 인글레세(Giorgio Inglese)가 편집한 판본(Einaudi, 2013)을 기준으로 삼았고 다른 판본도 참조했다. 문단 나누기는 인글레세 판본의 구성을 따랐다. 너무 길어 보이거나 편집의 짜임새를 위해 나눈 것처럼 보이는 부분도 있지만 번역의 기준으로 삼은 인글레세의 의도를 존중했다.

6. 이 글은 독자의 이해를 돕고자 역자의 원고를 정리해서 편집자가 덧붙인 것이며, 본문의 각주와 미주는 모두 역자가 붙였다. 가독성을 높이기 위해서 본문을 이해하는 데 꼭 필요한 내용은 각주로, 심화 내용은 미주로 처리했다.

7. 외래어와 외국어는 표준국어대사전과 외래어표기법에 따라 표기했다. 이탈리아어로 정립된 용어나 학계의 라틴어 표기 방식이 한국어 어문 규범과 다른 단어, 고대 그리스어 등도 독자의 편의를 위해 이 원칙을 지켰으며 필요한 경우 주석에 설명을 덧붙였다.

니콜로 마키아벨리가 위대하신
로렌초 데 메디치께 인사를 드립니다

군주에게 은혜를 얻으려는 사람들은 대부분 자신이 가진 귀중한 것이나 군주가 좋아할 만한 것을 가지고 군주를 알현하려 합니다. 따라서 말, 무구(武具), 금실 직물, 보석을 비롯해 군주의 위엄에 걸맞은 장식물을 군주에게 선물합니다. 저 또한 전하께 헌신[1]한다는 증거를 보여드리면서 저 자신을 바치고 싶은데, 제가 가진 것 중에서 위대한 인물들의 행위에 대한 지식만큼 귀중하고 가치 있는 것을 찾지 못했습니다. 옛일을 기록한 책을 꾸준히 읽고 근래의[•] 사

=====

•   "근대적인"이나 "근대의"로 옮길 수도 있다. 르네상스 시대 사람들은 자기들이 중세 사람들과 다르다는 점을 강조하면서 자신을 라틴어로 modernus라고 불렀으며, 이 단어에서 영어의 modern이 파생되었다.

건을 경험하면서 쌓은 지식입니다. 이제 저는 오랫동안 근면하게 연구하고 검토한 내용을 얇은 책으로 정리해서 전하께 올립니다. 비록 전하께 바치기에는 부족한 책이지만 그럼에도 불구하고* 오랫동안 불편과 위험을 숱하게 겪으면서 제가 알게 된 모든 지식을 전하께서 아주 짧은 시간 안에 이해하도록 해드리는 것보다 더 큰 선물을 드릴 수 없다는 점을 고려하시어, 자애로이 받아주시리라고 믿습니다. 많은 사람이 과장된 문장이나 화려하고 웅장한 표현 또는 어색한 수식이나 장식으로 자신의 글을 꾸미지만 저는 그렇게 하지 않았습니다. 이 책으로 영광을 얻으려는 생각은 없으며** 단지 소재의 다양성과 주제의 중요성만으로 가치를 인정받고 싶었기 때문입니다. 신분이 낮고 비천한 자가 감히 군주의 통치를 논하며 정리한다고 해서 주제넘은 일이라고 치부되지 않기를 바랍니다. 왜냐하면 풍경을 묘사하려는 사람이 산과 높은 곳의 본모습을 파악하고자 평지로 내려가고 낮은 곳의 본모습을 보기 위해 높은 산 위로 올라가는 것처럼, 민중[2]의 본모습을 제대로 알기 위해서는 군주가 되어야 하며 군주의 본모습을 이해하기 위해서는 민중이 되어야 하기 때문입니다.

그러므로 전하께서 이 작은 선물을 제가 보내는 마음과 함께

- 원문은 라틴어 tamen인데, 당시 외교문서를 작성할 때 많이 썼던 표현이다.
- 원문(io ho voluto o che veruna cosa la onori)을 직역하면, "아무것도 그것[이 책]을 영광스럽게 만들기를 원하지 않았거나"라고 옮길 수 있다.

『군주론』의 헌정 대상인 로렌초 디 피에로 데 메디치(라파엘로 산치오, 1516-1519년경)

피렌체를 르네상스의 중심지로 만드는 데 공헌해 "위대한 자"라고 불렸던 로렌초 데 메디치(1449-1492)의 손자다. 로렌초 디 피에로 데 메디치(Lorenzo di Piero de' Medici)라는 조부의 이름 전체를 물려받았기 때문에 둘을 구분하기 위해서 로렌초 2세 데 메디치(Lorenzo II de' Medici)라고 부른다.

받아주시길 바랍니다. 자세히 읽고 고찰하신다면 전하의 행운*과 여러 자질이 약속한 위대함에 전하께서 이르시기를 바라는 저의 강렬한 욕망을 곧바로 헤아리실 것입니다. 만약 전하께서 계신 높은 곳 꼭대기에서 이따금 이 낮은 곳으로 눈길을 돌리신다면, 제가 부당하게 지속되는 운명³의 커다란 악의를 얼마나 감내하고 있는지** 아시게 될 것입니다.

- 이 책의 핵심 용어로 원문은 fortuna다. 로마신화에 등장하는 행운 또는 운명의 여신 포르투나(그리스신화에서는 티케)에서 온 말이며, 인간의 의지로 통제하기 어려운 외부의 힘, 운, 호의, 도움, 상황 등을 가리킨다. 주로 "행운"이라고 옮겼고 일부는 문맥에 따라 "운명"으로 옮겼다.

- 1512년 메디치 가문이 복귀하자 마키아벨리는 공직에서 쫓겨났으며 1513년에는 반란 음모에 연루되었다는 혐의로 체포되어 고문을 당하고 감옥에 갇혔다. 석방된 뒤에는 피렌체 외곽 산탄드레아 인 페르쿠시나의 농장에 은거했다. 따라서 이 문구에는 1513년 『군주론』을 집필할 당시 자신의 처지에 대한 하소연이 담겨 있다.

01장

군주국의 종류는 얼마나 많으며 어떤 식으로 획득하는가

사람들에 대한 통치권[1]을 가졌거나 가지고 있는 모든 나라,[2] 모든 영역[3]은 공화국 아니면 군주국입니다.[4] 군주국은 주인●의 혈통이 오랫동안 군주 자리를 이어온 세습 군주국이거나 새 군주국입니다. 새 군주국은 프란체스코 스포르차[5]의 밀라노가 그렇듯이 완전히 새롭게 탄생한 나라이거나 스페인 국왕[6]이 통치하는 나폴리 왕국처럼 세습 국가의 군주가 새로 획득해서 영토의 일부로 덧붙인 지

● 특히 중세 유럽에서 일정한 영지를 소유하고 농민과 수공업자에게 세금을 거두며 거의 절대적인 권한을 행사하던 '영주'를 가리킨다. 원문 signore는 principe와 같거나 비슷한 의미로 사용된다. 포괄적으로 '주인'이라는 뜻을 함축하고 있으며 맥락에 따라 "영주", "군주", "주인" 등으로 옮길 수 있다.

〈포르투나와 비르투의 알레고리〉(페테르 파울 루벤스, 17세기)

마키아벨리는 인간의 성공 여부를 결정하는 요인으로 '행운'(포르투나)과 '역량'(비르투)을 제시했다. 서양 문화에서 포르투나는 여성으로 비르투는 남성으로 묘사된다.

역입니다. 그렇게 편입된 나라 중에는 한 명의 군주 아래에서 살아가는 데 익숙한 곳들도 있고 자유롭게 사는 데 익숙한 곳[•]들도 있습니다. 이런 영토는 누군가의 무력이나 자신의 무력으로 얻을 수 있으며 행운 또는 역량^{••}으로 획득합니다.

━━━

• 　군주국이 아닌 공화정 체제에서 살아가는 것을 가리킨다.

•• 　이 책의 핵심 용어이며 원문은 virtù다. 라틴어 virtus에서 유래한 말(이 단어는 '남자'를 의미하는 vir에서 기원)로 원래 '힘'이나 '용기'를 의미했다. 현대 이탈리아어에서는 주로 '미덕' 또는 '덕성'을 뜻하지만, 당시에는 '역량'이나 '능력' 혹은 군사적 '용맹함'이나 '용기'를 의미했기 때문에 맥락에 따라 적절한 용어로 옮겼다. '행운'은 의지를 넘어서는 이질적 요소인 반면 '역량'은 개인 능력의 총체다.

02장

세습 군주국에 대하여

저는 공화국에 대한 논의를 하지 않으려고 합니다.[1] 다른 곳에서 충분히 논의했기 때문입니다. 단지 군주국에 대해서만 이야기하려 하는데, 앞에서 말씀드린 날실들을 짜면서 진행할 것이며, 군주국을 어떻게 통치하고 유지할 수 있는지 논의할 것입니다.

군주의 혈통에 익숙한 세습 군주국은 새 군주국보다 나라를 유지하는 어려움이 훨씬 적습니다. 군주가 선조의 질서를 위배하지

• 공화국을 조직하는 최선의 방법에 대한 논의를 가리키는 것으로 해석된다. 그 글은 전해지지 않지만 주요 내용은 1513년에서 1519년 사이에 집필한 『티투스 리비우스의 로마사 처음 10권에 대한 논고』(*Discorsi sopra la prima deca di Tito Livio*)의 제1권에 포함된 것으로 보인다(이후에는 『로마사 논고』라고 줄여서 표기).

않으면서 우발적인 일에 적절히 대처하는 것만으로도 충분하기 때문입니다. 그러므로 만약 군주가 평범한 능력[2]만 갖고 있다면 이례적으로 강력한 힘이 빼앗지 않는 한 언제나 권력을 유지할 것입니다. 만에 하나 권력을 빼앗긴다 해도 정복자에게 불행이 닥치면 되찾을 수 있습니다.

예를 들어 우리 이탈리아에는 페라라 공작[3]이 있는데, 그 나라에서 오래 통치하지 않았더라면[4] 1484년 베네치아인들의 공격이나 1510년 교황 율리우스[5]의 공격을 견뎌내지 못했을 것입니다. 세습 군주[6]는 사람들을 괴롭힐 이유가 적고 그럴 필요도 거의 없기에 더 많은 사랑을 받을 수 있으며, 도를 벗어난 증오를 받지 않는다면 자연스럽게 사람들의 호감을 얻습니다. 이렇게 나라가 오랫동안 유지되다 보면 혁신을 해야 할 이유와 기억은 사라져버립니다. 변화는 언제나 다른 변화를 초래할 구실[7]을 남기기 때문입니다.

03장

혼합 군주국에 대하여

하지만 새 군주국은 어려움을 겪을 수밖에 없습니다. 먼저, 완전히 새롭게 생겨난 것이 아니라 신체의 일부처럼 덧붙여졌을 때(그것을 혼합 군주국이라고 부를 수 있지요), 그런 형태의 군주국이 가진 자연적 어려움 때문에 변화[1]가 나타납니다. 사람들은 자신의 처지가 지금보다 나아질 것이라고 믿으면 기꺼이 군주를 바꾸려 하고, 그런 믿음으로 무기를 들어 군주에게 대항합니다. 하지만 이는 자기기만입니다. 나중에 더 나빠진 상황을 경험하기 때문이지요. 이런 일은 자연적이고 통상적인 필연성에서 비롯되는데, 새 군주는 자신의 군대를 동원해서 사람들에게 피해를 줄 수밖에 없으며 그 지역 주민들은 국가가 정복당할 때 수반하는 모욕을 느낄 수밖에 없습니다. 그리하여 당신은 군주국을 점령하는 과정에서 피해를 끼친 모든 사람을 적으로 돌리게 될 뿐만 아니라 자신이 동원한 사람들 전부와도 친구 관계를 유지할 수 없습니다.[*] 그들이 처음에 품었던 기대가 충족될 만큼 대가를 줄 수 없기 때문입니다. 그렇다고 해서 감사하게 여겨야 하는 사람들에게 강력한 약[**]을 쓸 수 없습니다. 군사력이 강하다 하더라도 한 지역에 들어가려면 그곳 주민들에게 호의를 얻어야 하니까요. 그런 이유로 프랑스의 루이 12세[2]는 밀라노를 단숨에 점령했다가 곧바로 잃었습니다. 처음에는 루도비코[3]가 자기의 군대만으로도 충분히 그에게서 나라를 빼앗을 수 있었습니다. 루이에게 성문을 열어주었던 민중이 이후 기대했던 복지를 누릴 수 없으며 그에게 속았다는 것을 깨닫자 더는 새 군주의 괴롭힘을 견디지 못했기 때문입니다.

그리고 봉기했던 지역을 두 번째로 점령하면 쉽게 잃지 않는다는 것도 분명한 사실입니다. 백성의 봉기를 경험한 군주는 자신을 지키기 위해 범죄자들을 처벌하고 의혹을 밝히며 취약한 부분에 대비하면서 전보다 무자비해지기 때문입니다. 그러므로 프랑스에게 밀라노를 빼앗을 때 처음에는 루도비코 공작 같은 사람[***]이

• 이 문장의 주어인 tu는 가까운 사이에서 쓰이는 단수 2인칭 주격 대명사다. 맥락에 따라 "너" 또는 "당신"으로 옮길 수 있으며 이 책에서는 "당신"으로 옮겼다. 이처럼 친근함을 내포한 표현은 뒤에서도 자주 나오는데, 헌정 대상인 로렌초 데 메디치를 특정하여 가리키는 것은 아니다.

•• 마키아벨리 특유의 은유로 '처방', '해결책', '대책'을 뜻한다.

••• 루도비코 스포르차에 대한 경멸을 암시하는 표현이다.

국경선에서 소동을 일으키는 것만으로 충분했지만, 나중에는 온 세상[4]이 프랑스 군대에 대항하고 나서야 비로소 그들을 몰아낼 수 있었습니다. 이는 위에서 말한 이유로 일어났던 일입니다. 어쨌든 프랑스 왕은 두 차례에 걸쳐 밀라노를 잃었습니다. 첫 번째 일반적인 이유에 대해서는 이미 논의했습니다. 이제 두 번째 이유를 논의하면서 프랑스 왕이 어떤 대책을 세웠는지, 그와 같은 처지에 놓인 사람이 새로 얻은 군주국의 지배권을 유지하려면 프랑스가 한 것과 달리 어떤 대책을 세울 수 있는지 살펴보는 일만 남았습니다.

그러니까 말씀드리자면, 군주가 새로 획득해서 옛 영토에 덧붙여지는 나라들은 같은 언어를 사용하는 동일한 지역일 수도 있고 그렇지 않을 수도 있습니다. 동일한 지역이라면 영토를 유지하기가 무척 쉽고 특히 그곳 사람들이 자유롭게 사는 데 익숙하지 않다면[•] 더더욱 그러합니다. 그들을 통치하던 군주의 혈통을 없애는 것만으로도 그 지역을 확실하게 지배할 수 있습니다. 그 밖의 일은 옛 상태를 유지하게 해주고, 만약 관습의 차이마저 없다면 사람들은 평온하게 살아갈 것입니다. 아시다시피 프랑스와 아주 오랫동안 함께했던 부르고뉴, 브르타뉴, 가스코뉴, 노르망디가 그랬습니다.[5] 그리고 언어가 조금 다르더라도 관습이 비슷하면 사람들은 지금의 처

• 군주정 체제에서 살아가는 사람들을 가리킨다. 반면에 공화정 체제에서는 사람들이 자유롭게 살아간다는 뜻이 담겨 있다.

지를 쉽게 용인합니다. 따라서 그런 지역을 획득해 유지하려는 사람은 두 가지를 지켜야 하는데, 하나는 옛날 군주의 혈통을 없애는 것이고 다른 하나는 기존의 법률이나 조세제도를 바꾸지 않는 것입니다. 그러면 머지않아 옛 군주국은 새 나라와 완벽하게 한 몸이 될 수 있습니다.

하지만 언어, 관습, 제도가 다른 지역을 정복하면 어려움을 겪게 됩니다. 그 지역의 지배권을 유지하기 위해서는 커다란 행운이 따라야 하며 부단히 노력해야 합니다. 가장 확실하면서도 실질적인 대책 중 하나는 군주가 직접 그곳에 가서 거주하는 것입니다. 그렇게 하면 통치권을 더욱 견고하게 확립하고 오래도록 유지할 수 있습니다. 튀르크의 술탄*이 그런 식으로 그리스를 통치했던 것처럼 말입니다. 만약 그가 그곳에 거주하지 않았다면 어떤 조처를 한다 해도 지배권을 유지할 수 없었을 것입니다. 직접 살고 있으면 혼란이 벌어졌을 때 곧바로 대처할 수 있지만 그렇지 않다면 일이 커진 뒤에나 알 수 있어서 적절한 해결책을 마련하기가 어렵기 때문입니다. 또한 군주가 살고 있으면 관리들이 함부로 약탈할 수 없으며, 신민(臣民)*은 가까이 있는 군주에게 호소할 수 있다는 점을 만족스럽게 여길 것입니다. 따라서 군주에게 순응하는 사람들은 군주를 더욱 사랑하게 되고, 군주에 맞서려는 사람들은 군주를 더욱 두

---

* 군주국에서 관원과 백성을 아울러 이르는 말이다.

려워하게 될 것입니다. 그런 나라는 외부 세력이 쉽게 공격할 수 없습니다. 따라서 군주가 직접 그곳에 거주하면 영토를 쉽게 잃지 않을 것입니다.[7]

다른 대책은 한두 곳에 식민(植民)을 보내어 그 나라를 속박하는 것입니다. 그렇게 하지 않으면 그곳에 대규모의 병력을 배치해야 합니다. 식민을 보내는 일에는 돈이 많이 필요하지 않습니다. 따라서 군주는 돈 한 푼 들지 않거나 적은 비용으로 사람들을 보내고 그들을 유지할 수 있습니다. 물론 새 주민들에게 농토와 집을 주는 과정에서 원래 살던 사람들이 피해를 볼 수 있지만 그런 사례는 극소수일 뿐입니다. 그리고 피해를 당한 사람들은 가난한 데다 흩어져 있기 때문에 절대로 군주를 해할 수 없습니다. 다른 사람들은 피해를 당하지 않았기 때문에 조용히 있을 것이며, 한편으로는 자기들에게도 그런 일이 미칠까 봐 두려워하면서 실수하지 않도록 조심할 것입니다. 결론적으로 말씀드리면 식민들을 보내는 것은 비용이 들지 않고, 무엇보다 충실하면서 그 지역에 피해를 덜 주는 방법입니다. 앞서 말씀드린 것처럼 피해를 입은 사람들은 가난한 데다 뿔뿔이 흩어져 있어서 군주에게 해를 끼칠 수 없습니다. 그러므로 사람들을 다룰 때는 달래거나 억눌러야 한다는 점을 주목해야 합니다. 가벼운 피해를 입으면 복수하지만 엄청난 피해 앞에서는 복수할 엄두를 내지 못하기 때문입니다. 따라서 사람들에게 피해를 주려면 그들이 복수를 꾀하지 못할 만큼 크게 주어야 합니다. 하지만 식민 대신 병력을 주둔시키면 그 나라에서 거두는 수입 전부를 그곳에서 소비하기 때문에 비용이 많이 들고, 결과적으로 군주에게는 손실로 돌아오며 그는 훨씬 더 큰 피해를 입게 됩니다. 군대를 숙영 설비와 함께 이동시키려면 그 나라 전체에 피해를 줄 수밖에 없기 때문입니다. 불편을 느낀 백성은 결국 군주의 적이 됩니다. 이들은 짓밟힌 상태로 고향에 남아 있는 터라 언제든 군주에게 해를 끼칠 수 있습니다. 그러므로 식민 대책은 유익하지만 군대를 주둔시켜 방어하는 일은 모든 면에서 무익합니다.

게다가 앞에서 말씀드렸듯이 서로 다른 지역*에 있는 군주는 가까이 있는 약한 자들**의 우두머리이자 보호자가 되어야 하고, 그 지역 강한 자들의 힘을 빼기 위해 노력해야 하며, 혹시라도 자기만큼 강한 이방인이 침입하지 못하도록 경계해야 합니다. 그리고 야망이 지나치게 커서 만족하지 못하거나 두려워하는 사람들은 외부 세력에게 손을 내밀기 마련입니다. 예전에 아이톨리아[8]인이 로마인을 그리스에 끌어들였던 것처럼 말입니다.[9] 로마인이 들어간 지역의 주민들은 그들을 받아들였습니다.*** 그리고 일반적으로 진행[10]되는 양상을 살펴보면, 강력한 이방인이 어느 지역을 공격했을

- 언어, 관습, 제도가 다른 지역을 뜻한다.
- 상대적으로 힘이 약한 영주나 통치자를 가리킨다. 원문은 minori potenti이며 뒤이어 여러 번 나오는 meno potenti와 같은 의미로 직역하면 "덜 강한 자들"이다. 반면에 "강한 자들"은 강력한 통치자나 강대국을 가리킨다.
- 마키아벨리의 주장이 역사적 사실과 완벽하게 일치하는 것은 아니다.

때 그동안 자기들을 지배하던 세력에게 불만을 품고 있던 힘없는 자들은 그들을 지지합니다. 약한 자들은 기꺼이 새로운 권력과 연합하기 때문에 강한 자들은 공을 들이지 않아도 그들의 호응을 얻을 수 있습니다. 단지 그들이 무력과 권위를 지나치게 갖추지 않도록 주의해야 합니다. 그렇게 한다면 자신의 무력과 그들의 호응을 힘입어 지역의 강한 자들을 손쉽게 억누르고 완전한 주인으로 남을 수 있습니다. 이런 식으로 통치하지 않는다면 자신이 획득한 나라를 곧바로 잃을 것이며, 그곳을 유지하는 동안에도 수많은 어려움과 괴로움에 직면할 것입니다.

로마인들은 점령지에서 이런 원칙을 잘 지켰습니다. 식민들을 보내고, 약한 자들을 대접하면서 세력이 커지지 않게 하고, 강한 자들을 억눌렀으며, 힘을 가진 이방인들이 좋은 평판을 얻도록 내버려두지 않았습니다. 저는 그리스 지역의 예를 드는 것만으로 충분하다고 봅니다. 로마인들은 아카이아[11]인과 아이톨리아인을 우호적으로 대하면서 마케도니아 왕국을 억압했고, 안티오코스[12]를 쫓아냈습니다.[13] 아카이아인이나 아이톨리아인의 공헌이 컸지만 절대 그들이 세력을 키워가도록 용납하지 않았습니다. 또한 필리포스의 설득에도 절대 그의 친구가 되지 않고 도리어 그를 억압했으며,[14] 안티오코스의 세력이 그 지역에 나라를 세우도록 허용하지도 않았습니다. 각각의 상황에서 로마인들은 현명한 군주라면 마땅히 해야 할 일을 했습니다. 그들은 직면한 문제뿐 아니라 앞으로 일어날 법한 문제에 대해서도 주의를 기울였고, 최선을 다해서 대비했습니다. 먼 곳에서 미리 예견하면 문제를 쉽게 예방할 수 있지만 가까이 다가오기만을 기다리면 제때 약을 쓰지 못합니다. 치유할 수 없을 만큼 병이 악화되기 때문이지요. 이는 의사가 결핵에 대해서 말하는 것과 같습니다. 발병 초기에는 치료하기 쉽지만 진단하기는 어렵고, 시간이 흐르면 진단하기는 쉽지만 치료하기 어렵습니다. 나랏일도 그렇게 해야 합니다. 나라의 질병을 일찍 발견하면(이는 신중한 사람에게만 주어지는 능력입니다) 곧바로 치료할 수 있지만, 미리 인지하지 못해서 모든 사람이 알아볼 만큼 커지게 놔두면 더는 치유책이 없습니다.

그러니까 로마인들은 불리한 일을 미리 짐작하고 항상 대처했습니다. 그들은 전쟁을 피한다는 이유로 혼란이 이어지는 것을 절대 방관하지 않았습니다. 전쟁은 피할 수 없으며 다만 상대방에게 유리하도록 지연될 뿐이라는 사실을 알았기 때문입니다. 이런 이유로 그들은 필리포스나 안티오코스와 해결해야 하는 문제를 이탈리아로 가져가지 않고 그리스 안에서 처리하려 했습니다. 덕분에 원하지 않았던 두 전쟁을 모두 피할 수 있었습니다. 로마인들은 우리 시대 현자들이 입버릇처럼 말하는 시간의 혜택을 즐기라는 격언*을 좋아하지 않았고 대신 자신들의 신중함[15]과 역량으로 얻은 혜택

---

* 마키아벨리는 당대 정치 이론가들의 주장, 즉 기회가 오기를 기다리고 상황에 따라 행동하라는 충고를 냉소적으로 비판하고 있다.

을 좋아했습니다. 시간은 모든 것을 몰아오고 선과 함께 악을 가져올 뿐만 아니라 악과 함께 선을 가져올 수도 있기 때문입니다.

하지만 프랑스의 사례로 돌아와 앞에서 그들이 말한 것들 중 무엇을 했는지 검토해보겠습니다. 저는 샤를이 아니라 루이에 대해 말하고자 합니다. 그는 이탈리아에서 훨씬 오랫동안 소유지를 지키고 있었으며,[16] 따라서 행적이 잘 알려졌기 때문입니다. 서로 다른 나라[17]를 유지하려면 반드시 해야 할 일들이 있는데, 그가 이와 반대로 했다는 사실은 아실 것입니다.[18] 루이왕은 베네치아인들의 야망에 이끌려 이탈리아에 침입했고, 베네치아인들은 이를 기회로 롬바르디아 지방[19]의 절반을 얻고자 했습니다.[20] 저는 루이왕이 선택한 방식을 비난하고 싶지 않습니다. 이탈리아에 한쪽 발을 집어넣고 싶지만 그 지역에 친구가 없었고, 샤를왕의 행동 때문에 자신에게는 모든 문이 닫혀 있는 상황이라 어쩔 수 없이 우호 관계를 받아들여야만 했습니다. 그리고 만약 다른 방면에서 실수하지 않았다면 그의 선택은 성공을 거두었을 것입니다. 그리하여 루이는 롬바르디아를 획득했고 샤를이 잃었던 명성을 곧바로 되찾았습니다. 제노바가 굴복했고, 피렌체인들은 친구가 되었으며,[21] 만토바 후작, 페라라 공작, 벤티볼리오, 포를리의 여인, 파엔차, 페사로, 리미니, 카메리노, 피옴비노의 영주,[22] 루카, 피사, 시에나[23] 사람들이 모두 그를 맞이하여 친구가 되려고 한 것입니다. 그제야 베네치아인들은 자신이 경솔한 선택을 내렸다고 자각했습니다. 그들은 롬바르디아에서 두 지역을 얻기 위해 루이왕을 이탈리아 영토 3분의 2에 해당

제노바에 입성하는 루이12세(장 부르디숑, 1500-1520년 사이)

프랑스 발루아 왕조의 왕(재위 1498-1515)으로 법제 정비, 도로 건설, 수리 시설 개선, 농민 보호, 관료 조직의 확충, 지방 관습법 편찬 등에 힘썼으며 프랑스 르네상스의 길을 열었다. 프랑스 내에서 큰 지지를 얻어 "국민의 아버지"라고 불렸다.

하는 지역의 영주로 만들었던 것입니다.*

만약 루이왕이 위에서 말한 규칙을 준수하고 자기의 모든 친구들,** 즉 대부분 약한 데다 누구는 교황청[24]을, 누구는 베네치아를 두려워하여[25] 언제나 자기에게 의지해야 하는 자들을 안전하게 보호했다면 별다른 어려움 없이 이탈리아에서 명성을 유지할 수 있었을 것입니다. 또한 그들의 도움을 받아서 그곳에 남아 있는 강한 세력들로부터 자신을 안전하게 지킬 수 있었을 것입니다. 하지만 그는 밀라노에 처음 들어가자마자 정반대로 했으니, 교황 알렉산데르[26]가 로마냐[27] 지방을 차지할 수 있도록 도와준 것입니다. 그런 결정 때문에 자신의 품속으로 뛰어들었던 자들 그리고 친구들과 멀어짐으로써 스스로 약하게 만들었고, 또 커다란 권위를 가진 정신적 권력에 세속적 권력까지 덧붙여줌으로써 교황청을 강력하게 만들었다는 것을 그는 깨닫지 못했습니다. 첫 번째 실수를 한 뒤에는 실수를 거듭할 수밖에 없었으니, 그는 알렉산데르의 야망을 저지하고 교황이 토스카나의 주인이 되지 못하도록 막기 위해 이탈리아

• 과장된 주장이라고 해석되기도 한다. 실제로 베네치아는 밀라노 공국의 동쪽 땅을 모두 차지했고 루이 12세는 밀라노 공국의 나머지 영토에 대한 직접 지배권을 갖게 되었다. 하지만 여기에서 마키아벨리는 실질적인 영토 소유가 아니라 루이 12세가 동맹이나 우호 관계를 통해 행사한 직접적 혹은 간접적인 패권을 지적한 것으로 보인다. 그리고 일부 판본에는 루이 12세가 이탈리아 영토의 '3분의 1'을 차지한 것으로 되어 있다.

•• 동맹이나 우호적인 세력을 가리킨다.

로 올 수밖에 없었습니다.[28]

교황청을 강하게 만들고 친구들을 잃었지만 그는 여기서 멈추지 않고 나폴리 왕국을 원했으며 그곳을 스페인 왕과 나누었습니다. 자신이 최고 결정권자였던 곳에 동료를 불러들였는데, 결과적으로는 그 지역의 야심가들과 자신에게 불만을 가진 사람들이 의지할 대상을 만들어준 셈입니다. 또한 자신에게 조공을 바칠[29] 왕[30]을 그 왕국에 남겨둘 수 있었지만 결국 그를 끌어내리고 도리어 자신을 쫓아낼 수 있는 자를 끌어들였습니다. 영토를 얻으려는 욕망은 지극히 자연스럽고 정상적인 마음입니다. 능력 있는 사람이 그렇게 하려고 하면 칭찬을 받거나 적어도 비난은 받지 않습니다. 하지만 능력이 없는데도 어떻게 해서든지 영토를 얻으려고 하면 오류를 범할 수밖에 없고 사람들의 비난을 면치 못합니다. 그러므로 만약 프랑스가 자신의 힘으로 나폴리를 공격할 수 있었다면 응당 그렇게 했어야 합니다. 만약 할 수 없었다면 분할하지 말았어야 합니다. 그리고 베네치아와 롬바르디아를 나누기로 한 결정은 이를 계기로 이탈리아에 발을 들여놓았기 때문에 용서받을 만하지만, 그 일*은 그런 필연성만으로 용서받을 수 없기 때문에 마땅히 비난을 받아야 합니다.

─────

* 스페인과 함께 나폴리를 나누어 지배하기로 했지만 스페인에게 완전히 빼앗긴 것을 가리킨다.

그러니까 루이는 다음과 같이 다섯 가지 오류를 범했습니다. 약한 자들을 억누른 것, 이탈리아에서 강한 자*에게 힘을 실어준 것, 이탈리아에 아주 강력한 이방인**을 끌어들인 것, 그곳에 와서 거주하지 않은 것, 거기에 식민을 보내지 않은 것입니다. 그런데 만약 여섯 번째 오류, 즉 베네치아의 영토를 빼앗는 오류[31]를 범하지 않았다면 그가 살아 있는 동안에는 이런 일들로 피해를 당하지 않았을 것입니다. 만약 교황청을 강력하게 만들지 않았고 이탈리아에 스페인을 끌어들이지 않았다면 베네치아를 억누르는 일은 합리적이며 합당한 처사였을 것입니다. 하지만 처음 두 가지 정책을 펴지 않은 이상 베네치아의 파멸을 용납하지 말았어야 했습니다. 베네치아는 강하기 때문에 언제나 롬바르디아에서 다른 자들***을 멀리 떼어놓을 수 있었을 것이며, 자신이 그곳의 주인이 되지 않고서는 다른 자들의 개입을 허용하지 않았을 것입니다. 그리고 다른 자들은 그곳을 프랑스로부터 빼앗아 베네치아에 주려고 하지 않았을 것이며, 또 둘을 상대로 맞서 싸울 용기도 없었을 것입니다.

만약 누군가가 루이왕은 전쟁을 피할 생각으로 알렉산데르 교황에게 로마냐를 양보했으며 스페인에게 나폴리 왕국을 양보했다

- 알렉산데르 6세를 가리킨다.
- •• '가톨릭 왕' 페란도 2세를 가리킨다.
- ••• 교황과 스페인 왕을 가리킨다. 베네치아가 약해지지 않았다면 프랑스에게 유리하도록 롬바르디아 지방을 지켰을 것이라는 뜻이다.

고 말한다면, 저는 전쟁을 막는다는 이유로 혼란이 일어나는 것을 내버려두지 말아야 한다고 대답하겠습니다. 전쟁이란 피할 수 있는 것이 아니라 단지 자신에게 불리한 방향으로 지연될 뿐이기 때문입니다. 그리고 만약 다른 사람들이 루이왕이 자기 결혼을 무효로 하는 것과 루앙의 추기경 모자[32]에 대한 대가로 교황을 위해 그런 일[•]을 하면서 맺은 약속[33]을 동기로 제시한다면, 저는 군주의 신의에 대해 그리고 신의를 어떻게 지켜야 하는지는 이후에 말한 내용[••]으로 대답하겠습니다.

그러니까 루이왕은 영토를 얻고 유지하려는 사람들이 시행한 정책들을 하나도 따르지 않았기 때문에 롬바르디아를 잃었습니다. 이는 전혀 놀랄 만한 일이 아니며 지극히 정상적이고 타당한 결과입니다. 그리고 일반적으로 발렌티노 공작이라고 부르는 알렉산데르 교황의 아들 체사레 보르자[34]가 로마냐를 점령했던 때 저는 그 문제에 대해 낭트에서 루앙[35]과 이야기했습니다. 루앙의 추기경이 이탈리아인들은 전쟁을 이해하지 못한다고 말하기에 저는 프랑스인들은 국가를 이해하지 못한다고 대꾸했습니다. 만약 국가에 대해서 이해했더라면 교황청이 그처럼 막강해지도록 내버려두지 않았을 것이기 때문입니다. 그러니까 이탈리아 영토에서 교황청과 스페

• 　로마냐 지방이 지배권을 강화하도록 교황이 도와준 것을 가리킨다.

•• 　18장을 참조하라.

『군주론』의 모델로 알려진 체사레 보르자(알토벨로 멜로네, 1513년)

르네상스 시대 이탈리아의 전제 군주로 권모와 냉혹한 수단을 동원해 교황령인 로마냐 지방을 장악했다. 마키아벨리는 『군주론』에서 그를 이상적인 군주로 묘사했다.

인의 힘이 막강해진 것은 프랑스가 초래한 일이며 또한 두 세력이 프랑스의 파멸을 초래했다는 것도 분명한 사실입니다. 여기에서 절대로 혹은 거의 틀리지 않는 일반적 규칙이 도출됩니다. 누군가가 강력해지도록 원인을 제공한 사람은 파멸한다는 것입니다. 막강한 힘은 그의 도움을 힘입어 신중함[36]이나 무력으로 생겨나는데, 둘 다 강력해진 사람이 의혹의 대상으로 여기는 것이기 때문입니다.

알렉산드로스가 정복한 다리우스의 왕국은 왜 그가 죽은 뒤 후계자들에게 맞서 반란을 일으키지 않았는가

새로 획득한 나라를 지키는 데 어떤 어려움이 있는지 고려해보면 놀라지 않을 수 없습니다. 알렉산드로스 대왕은 불과 몇 년 안에 아시아의 주인이 되었고,[1] 넓은 지역을 점령하자마자 곧바로 사망했습니다. 따라서 정복당한 모든 나라가 반란을 일으키는 것이 당연해 보였습니다. 그럼에도 불구하고 알렉산드로스의 후계자들은 나라의 통치권을 유지했습니다. 다만 자신들의 야망 때문에 내부적으로 어려움*을 겪었을 뿐입니다. 저는 우리가 기억하는 군주국들은

---

* 알렉산드로스가 갑자기 사망한 뒤 방대한 제국은 그의 부하였던 일곱 명의 장군이 통치할 예정이었으나 그들 사이의 분쟁으로 무너지게 되었다. 그래서 제국의 영토는 열한 개 왕국으로 나뉘었고, 그중에서 강한 나라는 프톨레마이오스 왕조의 이집

서로 다른 두 가지 방식으로 통치되었다고 대답하겠습니다. 그러니까 한 명의 군주와 다른 하인들, 즉 군주의 은혜를 입고 허락을 받아 관리자가 된 뒤 군주를 보좌하는 사람들이 통치하거나 한 명의 군주와 제후들,[2] 즉 주인[3]의 은혜가 아니라 혈통을 기반으로 오랫동안 지위를 세습해온 사람들이 통치합니다. 제후들은 자신을 주인으로 인정하고 자연스럽게 충성하는 고유의 신민과 영토를 갖고 있습니다. 한 명의 군주와 하인들이 통치하는 나라에서 군주는 좀 더 큰 권위를 갖고 있는데, 다스리는 영토 안에는 그보다 높다고 인정받는 사람이 없기 때문입니다. 사람들이 군주 외의 누군가에게 복종하는 이유는 그가 관리자나 공직자이기 때문일 뿐, 그에게 특별한 애정을 갖고 있지는 않습니다.

두 가지 서로 다른 통치의 예를 우리 시대에서 찾자면 튀르크의 술탄[4]과 프랑스의 왕이 있습니다. 튀르크 술탄의 군주국[5] 전체는 한 명의 주인이 통치하며 다른 사람들은 모두 그의 하인입니다. 그는 왕국을 산자코●로 나누고 거기에 서로 다른 행정관들을 임명하는데, 자기 마음대로 그들을 바꾸거나 다른 곳으로 보냅니다. 이에 반해 프랑스 왕은 오랫동안 자리를 지켜온 수많은 영주의 무리 한

트, 셀레우코스 왕조의 시리아, 안티고노스 왕조의 마케도니아였다.

● 이탈리아어 산자코(sangiacco, 복수는 sangiacchi)는 터키어 سنجاق(sancâk)에서 나온 말로 원래는 '깃발'을 의미했으며 오스만 제국의 행정 구역 빌라예트(Vilayet)를 가리킨다. 영어로는 산자크(sanjak)다.

군주론

가운데에 있으며, 그들은 자기 영토에서 신민들에게 인정과 사랑을 받고 있습니다. 또한 그들에게는 세습된 특권이 있는데 아무리 왕이라 해도 위험을 감수하지 않고는 그것을 빼앗을 수 없습니다. 그러므로 두 유형의 나라를 고찰해본 사람은 다음과 같은 사실을 발견할 것입니다. 튀르크 술탄의 나라는 점령하기 어렵지만 일단 점령한 뒤에는 유지하기 쉬우며, 반대로 프랑스 같은 나라는 점령하기 쉽지만 유지하기는 무척 어렵습니다.

튀르크 술탄의 왕국을 점령하기 어려운 이유는 제후들[6]이 외부 세력을 끌어들일 가능성이 없고, 술탄 주위의 신하들이 반란을 일으켜 외세가 정복하기 쉬운 상태에 놓이는 상황을 기대할 수 없기 때문입니다. 그 이유는 앞서 말씀드렸습니다. 그들은 모두 노예이며 강요를 받고 있기에 쉽사리 타락시킬 수 없습니다. 만약 타락하더라도 앞서 살펴본 이유로 그들은 민중을 이끌 수 없기에 별다른 이득을 바라기 어렵습니다. 따라서 튀르크 술탄을 공격하는 사람은 단결된 세력과 부딪쳐야 한다는 것을 고려해야 하며, 상대방의 혼란보다 자신의 무력에 희망을 두어야 합니다. 그렇지만 일단 승리해서 다시 군대를 일으킬 수 없을 정도로 짓밟았다면 이후에는 군주의 혈통 외에 걱정거리가 없습니다. 그 혈통이 사라지면 다른 사람들은 민중의 신임을 얻지 못하므로 두려워할 자가 없습니다. 그리고 승리자는 이전까지 그들에게 희망을 품을 수 없었던 것처럼 승리 후에는 그들을 두려워할 이유가 전혀 없습니다.

프랑스처럼 통치되는 왕국에서는 정반대입니다. 왕국의 제후

중 일부를 같은 편으로 만들면 당신°은 쉽게 그곳을 쳐들어갈 수 있습니다. 언제나 현실에 만족하지 못하는 자들과 혁신을 바라는 자들이 있기 때문입니다. 그들은 앞에서 말씀드린 이유로 당신에게 나라의 길을 열어주고 당신이 쉽게 승리를 거둘 수 있도록 도와줍니다. 하지만 훗날 그곳을 유지하려고 할 때는 당신을 도와준 자들이나 당신이 억압한 자들 때문에 많은 어려움을 겪습니다. 군주의 혈통을 소멸시키는 것만으로는 충분하지 않습니다. 새로운 변화의 우두머리가 되려 하는 영주들이 남아 있기 때문입니다. 그들을 만족시킬 수도 없고 소멸시킬 수도 없으므로 언제든지 계기만 있으면 그 나라를 잃을 것입니다.

다리우스[7]의 나라가 어떤 식으로 통치되었는지 살펴보면 튀르크 술탄의 왕국과 비슷한 점을 발견하실 것입니다. 따라서 알렉산드로스는 전면 공격을 감행하고 평야를 피해야°° 했습니다. 전쟁이 끝나고 다리우스가 죽었기 때문에 알렉산드로스는 위에서 논의한 이유로 안전하게 나라를 유지할 수 있었습니다. 만약 알렉산드로스의 후계자들이 단합했다면 이후로도 편안하게 권력을 누릴 수 있

- 여기에서는 상대방을 tu로 부르는데, 특정한 대상을 가리키는 것이 아니라 친근한 어조로 논의를 진행하려는 의도다.

●● 전면적인 전투를 벌일 평야를 피한다는 뜻으로, 실제로 다리우스 3세는 군대를 새로 조직하기 위해서 메디아 지방에 물러나 있었다. 원문 tòrli la campagna는 "그에게서 평야를 없애야" 정도로 직역할 수 있다.

었을 것입니다. 스스로 일으킨 혼란 외에는 왕국에 별다른 일이 없었기 때문입니다. 하지만 프랑스처럼 조직된 나라는 그런 방식으로 평온하게 점령할 수 없습니다. 그러기에 스페인, 프랑스, 그리스에서는 로마에 대한 반란이 빈번하게 일어났습니다.[8] 영토에 많은 군주국*이 있었기 때문입니다. 이 나라들에 대한 기억이 지속되는 동안 로마인들은 이 지역을 확실하게 장악하지 못했습니다. 하지만 기억이 사라진 뒤에는 지배권의 힘과 영속성을 바탕으로 확고한 소유자가 되었습니다. 그리고 로마인들도 훗날 자기들끼리 싸우게 되었을 때, 각자가 장악한 지역에서 얻은 권위에 따라 그곳을 이끌었습니다. 그 지역들은 옛 주인의 혈통이 소멸했기 때문에 로마인들 외의 권력을 인정하지 않았습니다. 그러므로 이런 사실들을 고려해보면 알렉산드로스는 아시아 나라들에 대한 지배권을 쉽게 유지했지만, 피로스[9]를 비롯한 많은 사람이 획득한 나라를 유지하는 데 어려움을 겪었다는 사실은 놀랄 만한 일이 아닙니다. 승리자의 역량이 크냐 작으냐에서 비롯된 것이 아니라 종속된 자의 차이**에서 나온 것이기 때문입니다.

---

* 다양한 형태의 프로빈키아(provincia), 즉 속주(屬州)를 가리킨다.
** 상황의 차이를 암시한다.

이수스 전투를 묘사한 폼페이 모자이크화(작자 미상, 기원전 100년경)

마케도니아의 알렉산드로스 대왕은 기원전 333년 11월 소아시아의 이수스에서 페르시아의 다리우스와 싸워 대승을 거두었다. 다리우스는 2년 뒤에 가우가멜라에서 다시 알렉산드로스에게 패했고, 결국 부하 베수스에게 살해되었다.

05장

점령되기 전 자신의 법률에 따라 살았던
도시나 군주국은 어떻게 통치해야 하는가

말씀드린 것처럼 점령한 나라가 스스로 만든 법률에 따라 자유롭게 사는 데 익숙할 경우* 그곳의 통치권을 유지하는 세 가지 방법이 있습니다. 첫째는 기존의 법률을 없애는 것[1]이고, 둘째는 직접 그곳에 가서 거주하는 것이며, 셋째는 자신의 법률에 따라 살도록 내버려두면서 조공을 받고, 앞으로도 친구로 남아 있을 만한 몇 사람**이 나라를 통치하도록 만드는 것입니다. 그렇게 세워진 나라는 군주의 권력과 호의가 아니면 존속할 수 없다는 사실을 알기 때문

- 공화정 체제를 가리킨다.
- 소수의 몇 사람이 지배하는 과두(寡頭) 정치 체제를 뜻한다.

에 군주와 관계를 유지하고자 온갖 노력을 기울일 것입니다. 그리고 자유롭게 사는 데 익숙한 도시는 시민들을 통해서 쉽게 유지할 수 있는데, 그들은 어떤 방식으로든 그 도시가 보존되기를 원하기 때문입니다.

예를 들어[2] 스파르타인과 로마인이 있습니다. 스파르타인들은 아테네와 테베에 몇 사람을 중심으로 나라를 세워 그곳을 유지했는데, 그럼에도 불구하고 결국은 잃었습니다.[3] 로마인들은 카푸아, 카르타고, 누만티아를 지키기 위해서 그곳들을 파괴했으며 그렇게 해서 잃지 않았습니다.[4] 로마인들은 스파르타인들이 했던 것처럼 그리스의 자유를 보장하고 자체 법률을 남겨둔 상태로 나라를 유지하려고 했지만 성공하지 못했습니다. 그래서 어쩔 수 없이 많은 도시를 파괴했습니다.[5] 사실 파괴 외에는 그곳을 소유하는 확실한 방법이 없기 때문입니다. 그리고 자유롭게 사는 데 익숙한 도시의 주인이 되고 나서 그곳을 파괴하지 않은 사람은 도리어 그 도시의 손에 파괴될 것을 각오해야 합니다. 반란을 일으키는 세력은 언제나 자유와 옛 제도를 피난처로 삼기 때문입니다. 이런 것들은 시간이 많이 흘러도, 어떤 혜택이 주어진다 해도 절대 잊히지 않습니다.[•] 그리고 어떤 일을 하든 어떻게 대비를 하든 주민들이 분열되거나 흩어지지 않는다면 그들은 자유라는 단어와 옛 제도를 망각

• 마키아벨리는 공화정 체제의 집요한 저항성을 암시하고 있다.

하지 않을 것이며, 기회가 오면 우발적 사고를 일으킬 수 있습니다. 피사가 피렌체인에게 종속된 지 100년 후에 그랬던 것처럼 말입니다.[6] 하지만 그동안 한 명의 군주 아래 사는 데 익숙했던 도시나 지역에서 군주의 혈통이 사라졌을 경우 그곳 주민들은 옛 군주가 없는 상태에서 자기들 중 한 명을 군주로 세우는 일에 합의하기 어려울뿐더러 자유롭게 사는 법도 모릅니다.* 그래서 무기를 잡는 데 시간이 걸리며, 군주는 아주 쉽게 그들의 마음을 얻어 그들이 자신을 해치지 않을 거라고 안심할 수 있습니다.

하지만 공화국에는 더 큰 활력과 더 큰 증오 그리고 복수를 하려는 더 큰 욕망이 있으며, 예전에 누렸던 자유의 기억은 떠나지 않고 사라지게 놔둘 수도 없습니다. 따라서 가장 안전한 길은 공화국을 파멸시키거나 아니면 그곳에 거주하는 것입니다.

---

* 자유롭게 사는 것도 교육이나 관습을 전제로 하며 노예로 사는 데 익숙한 사람은 언제나 얽매여 있던 족쇄를 아쉬워한다는 뜻이 담겨 있다.

자신의 무력과 역량으로 획득하는
새 군주국에 대하여

제가 군주나 나라의 형태와 관련해 완전히 새로운 군주국을 논의하면서 위대한 인물들의 예를 들더라도 놀라지 마시길 바랍니다. 사람들은 대부분 다른 사람들이 걸었던 길을 걷고 그들의 행동을 모방하면서도* 남의 길을 완전히 따를 수 없으며, 자신이 모방하는 사람들의 역량에 도달할 수도 없습니다. 따라서 신중한 사람은 언제나 위대한 사람들이 걸었던 길로 들어가고 탁월했던 사람들

---

* 당시의 인문주의 문화에서 모방에 대한 관념에 따르면, 고대의 철학자, 시인, 예술가는 아주 높은 경지에 이르렀기 때문에 당대 사람들은 단지 모방을 통해 흉내를 낼 수 있을 뿐이라고 생각했다. 이러한 관념이 예술 창작 분야에서 널리 퍼져 있었는데 마키아벨리는 이를 사람들의 행동에도 적용하고 있다.

을 모방합니다. 자신의 역량이 거기에 미치지 못한다 하더라도 냄새 정도는 풍기도록 말입니다. 그리고 신중한 궁수들처럼 해야 합니다. 목표 지점이 너무 멀리 있는 것처럼 보이고 자기가 쏜 화살이 얼마만큼 멀리 날아가는지 알고 있을 때 그들은 정해진 장소*보다 훨씬 높은 곳을 조준합니다. 이는 화살로 그곳을 맞추기 위해서가 아닙니다. 그렇게 높은 곳을 조준해야 화살이 본래 의도한 지점에 도달할 수 있기 때문입니다.

그러니까 말씀드리자면, 새 군주가 완전히 새로 탄생한 군주국을 다스릴 때는 그곳을 획득하는 자의 역량이 많고 적음에 따라 어려움의 정도가 달라집니다. 그리고 보통 사람에서 군주가 되는 사건은 역량 또는 행운을 전제로 하는데, 그 두 가지 중 어느 하나라도 어려움을 덜어주는 데 도움이 되는 것 같습니다. 그렇지만 행운에 의존하는 정도가 덜한 사람이 자신의 지위를 좀 더 쉽게 유지할 수 있습니다. 군주가 다른 나라를 다스리지 않아 어쩔 수 없이 그곳에 직접[1] 거주한다면 더더욱 쉬워집니다.

하지만 행운보다는 자신의 역량으로 군주가 된 인물들을 살펴보자면 모세, 키루스, 로물루스, 테세우스[2] 같은 사람들이 가장 탁월하다고 말씀드릴 수 있습니다. 그리고 모세는 하느님의 명령을

● '표적'을 가리킨다. 마키아벨리는 궁수를 예로 들면서 높은 곳에 도달하고 싶다면 언제나 훨씬 더 높은 목표를 겨누어야 한다고 강조한다.

집행하는 자였기 때문에 그에 대해서는 논의하지 말아야 하는데도 불구하고, 단지[3] 그에게 하느님과 대화할 자격을 부여해준 은총만으로도 존경받아야 합니다. 하지만 왕국을 획득했거나 건설한 키루스와 다른 자들을 고려해보면 모두 놀랄 만한 점이 있음을 발견할 것이며, 그들의 특별한 행위와 방법을 고려해보면 그토록 위대한 스승[4]을 모신 모세와 달라 보이지 않을 것입니다. 그리고 행적과 삶을 조사해보면, 그들이 행운으로부터 얻은 것은 오직 기회뿐이라는 사실을 알 수 있습니다. 기회는 그들에게 자신이 원하는 형식을 만들어낼 수 있는 질료를 제공했습니다. 기회가 없었다면 그들의 정신적 역량은 꺼져버렸을 것이며 그런 역량이 없었다면 기회는 헛되이 온 셈이 되었을 것입니다.

그러니까 모세에게는 이집트인에게 종속되고 억눌린 이스라엘 민족[5]을 발견하는 과정이 필요했는데, 당시 그들은 노예 신분에서 벗어나려는 소망으로 모세를 뒤따를 준비가 되어 있었습니다. 로물루스가 로마의 왕이자 건국자가 되기 위해서는 알바에 태어났을 때 버림받는 과정이 필요했습니다.[6] 키루스는 메디아인의 지배에 불만을 품은 페르시아인 그리고 오랜 평화로 유약하고 온순해진 메디아인을 발견해야 했습니다.[7] 만약 테세우스가 흩어진 아테네인을 발견하지 못했다면 그는 자신의 역량을 증명할 수 없었을 것입니다. 그러므로 기회는 그들을 행복하게 만들었고, 그들의 탁월한 역량은 그 기회를 알아차리게 했습니다. 따라서 그들의 조국은 영광을 얻고 행복을 누렸습니다.

그들과 비슷하게 자기 역량을 토대로 군주가 된 자들은 군주국을 어렵게 획득하지만 일단 손에 넣은 뒤에는 쉽게 유지합니다. 군주국을 획득하는 과정에서 겪는 어려움 중 일부는 국가와 자신의 안전을 확고하게 다지기 위해 도입할 수밖에 없는 새 제도 그리고 통치법에서 비롯됩니다. 또한 새 제도의 도입에 앞장서는 일은 실행하기 어렵고 성공을 보장할 수 없으며 위험하다는 점을 고려해야 합니다. 그렇게 했을 때 옛 제도에서 혜택을 받던 사람들을 모두 적으로 돌리게 되며, 새 제도에서 혜택을 누릴 사람들은 단지 미온적인 옹호자로 둘 수밖에 없기 때문입니다. 그런 태도는 한편으로 나름의 법률을 가진 반대자들을 두려워하는 마음에서 나오고, 다른 한편으로는 불신에서 비롯됩니다. 사람들은 확실하게 경험하지 않으면 새로운 것들을 믿지 않습니다. 그러므로 적이 된 사람들은 기회가 있을 때마다 힘껏 공격하지만 다른 사람들은 미온적으로 방어함으로써 군주와 자신들을 위험에 빠뜨릴 수 있습니다.

그러므로 이 부분을 잘 논의하려고 한다면 그런 개혁자들이 자기 힘으로 서 있는지 아니면 다른 사람들에 의존하는지, 말하자면 자신들의 과업을 수행하기 위해 부탁해야 하는지 아니면 강요할 수 있는지를° 검토해야 합니다. 전자의 경우 언제나 나쁘게 끝나고 어떠한 일도 수행하지 못하지만 자기 힘에 의존하고 누군가

● '외부에 도움을 요청해야 하는지 아니면 무력으로 강행할 수 있는지'를 뜻한다.

에게 강요할 수 있으면 위험에 처하는 경우가 드물지요. 이런 이유로 무장한 예언자들은 모두 승리했고 무장하지 않은 예언자들은 파멸했던 것입니다.* 왜냐하면 앞에서 말씀드린 것 외에도, 민중의 본성은 쉽게 변하기 때문입니다.** 그들에게 어떤 것을 설득하기는 쉽지만, 설득한 바를 계속 유지하도록 하기[8]는 어렵습니다. 그러므로 그들이 더 이상 믿지 않는다면, 그들이 믿도록 강요할 수 있어야 합니다. 만약 모세, 키루스, 테세우스, 로물루스가 무장하지 않았더라면 그들은 자신이 세운 제도를 민중이 오랫동안 준수하도록 만들 수 없었을 것입니다. 우리 시대에 지롤라모 사보나롤라[9] 수도자가 그랬던 것처럼 말입니다. 그는 대다수가 자신에 대한 믿음을 거두기 시작하자 결국 자신의 새 제도 안에서 몰락했습니다. 신뢰를 얻었던 자들을 확고하게 잡아두거나 믿지 않는 자들이 믿게 만들 방법을 찾지 못했기 때문입니다. 그런 개혁자들은 모두 추진 과정에[10] 커다란 어려움과 위험을 겪게 되며 이를 역량으로 극복할 필요가 있습니다. 하지만 시련을 극복하고, 자신의 자질을 질투하는 자들을 없애서 사람들에게 존경을 얻으면 이후에는 힘 있고, 안전하고, 명예로우며 행복한 지도자로 남게 됩니다.

- "무장한 예언자"는 앞에서 인용한 모세, 키루스, 로물루스, 테세우스 같은 영웅들을 가리키고, "무장하지 않은 예언자"는 뒤이어 인용한 사보나롤라를 암시한다. 마키아벨리는 젊은 시절 사보나롤라에게 매력을 느꼈지만 훗날 경멸감을 드러냈다.
- 마키아벨리는 민중을 경멸스러운 존재 혹은 변덕맞고 무책임한 어린아이로 보았다.

〈처형당하는 지롤라모 사보나롤라〉(필리포 돌치아티, 1498년)

사보나롤라는 피렌체의 부패를 비판했고, 1494년 메디치가의 추방에 큰 역할을 했다.
그러나 교황 알렉산데르 6세와 충돌한 결과 1498년 시뇨리아 광장에서 처형되었다.

그렇게 유명한 사례에다 덜 알려진 사례를 덧붙이고 싶습니다.
하지만 그것 역시 잘 알려진 일들과 어느 정도 어울리며 비슷한 경
우의 예로 삼기에도 충분하다고 봅니다. 바로 시라쿠사의 히에론[11]
입니다. 그는 보통 사람에서 시라쿠사의 군주가 되었습니다. 게다
가 기회 말고는 행운으로부터 얻은 것이 전혀 없습니다. 억압당하
고 있던 시라쿠사 사람들은 그를 사령관[12]으로 선출했으며, 그는 자
신이 군주의 자리에 오를 만한 자격이 있음을 입증했습니다. 그는

〈시라쿠사의 히에론왕에게 발명품을 시연하는 아르키메데스〉
(도메니코 안토니오 바카로, 1678-1745년 사이)

히에론은 시라쿠사를 방어하기 위해 아르키메데스를 고용했고, 아르키메데스는 여러 도구를 발명해서 로마군의 진격을 저지했다. 기록에 따르면 히에론은 금세공사가 만들어 바친 순금 왕관에 은이 섞여 있다는 의심이 들자 아르키메데스에게 확인해달라고 요청했으며, 아르키메데스는 부력의 원리를 이용해서 속임수를 밝혀냈다고 한다.

보통 사람의 운명[13]에 따라 살 때도[14] 대단한 역량을 발휘했으며 그에 대해 쓴 사람[15]은 "왕국만 없을 뿐 그는 통치자로서 부족한 점이 전혀 없었다"[16]라고 했습니다. 그는 옛 군대를 없애고 새로 조직했으며,[17] 옛 동맹[18]을 버리고 새 동맹을 맺었습니다. 덕분에 동맹과 군대라는 토대 위에 건물을 세울 수 있었습니다. 이런 이유로 그는 무척 힘들게 권력을 얻었지만 별다른 어려움 없이 유지했습니다.

07장

다른 사람의 무력과 행운으로 획득하는
새 군주국에 대하여

단지 행운으로 군주가 된 보통 사람은 별로 힘들이지 않고 높은 지위에 올랐지만 자리를 계속 유지하기란 여간 어려운 일이 아닙니다. 그는 날아오르듯 그 자리에 갔기 때문에* 도중에는 별다른 문제가 없었지만 군주가 되면 비로소 수많은 어려움을 겪게 됩니다. 이런 일은 누군가의 호의로 혹은 돈으로 나라를 넘겨받을 때 생겨납니다. 그리스에서는 이오니아와 헬레스폰토스[1]의 도시들에서 그런 경우가 많았는데, 다리우스는 자신을 안전하게 지키고 영광을 얻기 위해서 군주들을 세웠습니다.[2] 그리고 부패한 군인들을 이용

●   별 어려움 없이 군주가 되었다는 뜻이다.

해서 제권(帝權)³에 이른 황제들* 역시 그랬습니다.

그들은 단지 자신에게 권력을 양도한 자의 의지와 행운, 즉 지극히 불안정하고 변덕스러운 두 가지에 의존했습니다. 따라서 지위를 유지할 줄도 모를뿐더러 유지할 수도 없습니다. 엄청난 재능과 역량을 갖춘 사람이 아니라면 언제나 보통 사람의 행운 속에 살았을 터라 명령할 줄 모르기 때문에** 권력을 유지할 줄도 모르며, 무엇보다 자기에게 우호적이고 충실한 무력을 갖지 못해서 권력을 유지할 수도 없습니다. 그리고 곧바로 세워진 나라들은 빠르게 태어나고 성장하는 자연의 모든 것들처럼 뿌리와 가지⁴를 가질 수 없습니다. 따라서 악천후와 같은 첫 번째 역경에 맞닥뜨리면 무너질 것입니다. 말씀드린 것처럼 충분한 역량을 갖추지 못한 채 갑자기 군주가 된 그들은 행운이 자신의 품속에 넣어준 것을 간직할 준비가 되지 않았거나 다른 사람들이 군주가 되기 전에 세운 토대를 나중에라도 쌓지 못한다면 무너질 수밖에 없습니다.

역량으로 또는 행운으로 군주가 되는 것에 대해 말씀드린 두 가지 방식의 사례로 저는 우리가 기억하는 두 인물을 제시하고 싶습니다. 바로 프란체스코 스포르차와 체사레 보르자입니다. 프란체

- 　고대 로마에서 군사적인 업적을 남겼거나 시민의 신분으로 공훈을 세운 것이 아니라 군인들을 매수하여 황제의 자리에 오른 자들을 암시한다. 그런 황제들의 구체적인 사례는 19장을 참조하라.
- ‥　원문은 '명령할 줄 안다는 것은 합리적이지 않기 때문에'라는 뜻을 담고 있다.

스코는 적절한 수단*과 커다란 역량으로 보통 사람에서 밀라노 공작이 되었으며, 온갖 노고로 얻은 것을 별로 힘들이지 않고 유지했습니다. 반면 대중이 발렌티노 공작이라고 부르는 체사레 보르자는 아버지의 행운에 힘입어 나라를 얻었다가 그 행운 때문에 잃었습니다. 그는 다른 사람의 행운과 무력으로 얻은 나라에서 뿌리를 내리기 위해 신중하고 역량 있는 사람이라면 마땅히 해야 할 일을 모조리 했으며 온갖 수단을 동원했는데도 그런 결과를 맞이했습니다. 앞서 말씀드린 것처럼 먼저 토대를 세우지 않은 사람이더라도 훗날 커다란 역량으로 세울 수 있을 것입니다. 물론 건축가의 시련과 건물의 위험성을 떠안아야 할지라도 말입니다. 그러니까 발렌티노 공작이 한 모든 일의 진행 과정을 고려해본다면, 그는 미래의 권력을 위해 커다란 토대를 세웠으며 저는 그것에 대한 논의가 필요 없다고 생각하지 않습니다. 왜냐하면 새 군주에게 그의 행위를 예로 드는 것보다 나은 지침이 무엇인지 모르기 때문입니다. 그의 제도가 성공을 거두지 못했다면 이는 그의 잘못이 아닙니다. 극단적이고 예외적으로 사악한 행운에서 비롯된 것이기 때문입니다.

알렉산데르 6세는 자기 아들인 공작을 위대한 인물로 만들고 싶었는데, 그러다 보니 당시는 물론 훗날에도 어려움을 많이 겪었

---

* 자신을 용병 대장으로 고용한 밀라노 공국의 군주가 되고자 그가 동원했던 여러 가지 술책과 속임수를 암시한다. 이에 대해서는 12장에서 자세하게 논의한다.

〈**체사레 보르자와 마키아벨리**〉(페데리코 파루피니, 1866년)

마키아벨리는 1502년 6월에 체사레 보르자와 처음 만났다. 당시 두 사람의 나이는 33세와 27세로 마키아벨리가 6세 많았다.

습니다. 먼저 교황청에 속하지 않은 지역에서는 군주로 만들 방법이 없었고, 만약 교황청이 통치하는 지역을 떼어내려고 했다면 밀라노 공작*과 베네치아인들이 용인하지 않으리라는 것도 알고 있었습니다.[5] 파엔차와 리미니는 이미 베네치아인들의 보호 아래에

———

* 루도비코 스포르차를 말한다.

체사레 보르자의 아버지인 알렉산데르 6세(크리스토파노 델랄티시모, 16세기)

교활하고 잔인해서 사상 최악의 교황으로 불렸던 인물이다. 추기경단을 매수해서 교황이 되었고 재위 기간 동안 이탈리아반도의 여러 국가들과 분쟁을 빚었다. 많은 여성과 교제하며 자녀를 여럿 두었는데, 그중 한 명이 체사레 보르자다.

놓였기 때문입니다. 그 외에도 이탈리아의 군대*를 보았는데, 특히 동원할 수 있는 군대는 교황의 강대함을 두려워할 사람들의 손에 있었습니다. 모두 오르시니와 콜론나** 그리고 공모자들이 장악했

• 당시 이탈리아에서 동원할 수 있는 군대는 용병 부대들뿐이었다.

•• 오르시니 가문과 콜론나 가문은 중세와 르네상스 시대 로마에서 가장 막강했던 귀족 가문으로 교황과 고위 성직자를 여러 명 배출했으며, 동시에 많은 사람이 용병

기에 믿을 수 없었습니다. 그러므로 그들의 지역 일부에서 확실한 주인이 되려면 기존 질서를 뒤흔들고 혼란을 일으켜야 했습니다. 그 일은 무척 간단했는데, 다른 이유로 움직인 베네치아인들이 프랑스인들을 이탈리아로 다시 불러들이려고 했기 때문입니다. 교황은 거기에 반대하지 않았을 뿐만 아니라 루이왕의 옛 결혼을 무효로 해줌으로써 상황을 좀 더 유리하게 만들어주었습니다.

그리하여 루이왕은 베네치아인들의 도움과 알렉산데르의 동의를 얻어 이탈리아에 침입했습니다. 그가 밀라노에 들어가자 곧바로 교황은 그에게서 로마냐 정복에 동원할 군대를 얻었는데,[6] 루이왕은 명성을 지키고자 그 일을 허용했습니다. 그렇게 로마냐를 얻고 콜론나 사람들을 물리친 발렌티노 공작은 그곳을 유지하면서 좀 더 앞으로 나아가려 했습니다. 하지만 두 가지 걸림돌이 있었습니다. 하나는 자신에게 충성을 다하지 않는 것 같은 군대였고 다른 하나는 프랑스의 의지였습니다. 말하자면 자신이 동원했던 오르시니의 군대가 자신을 따르지 않고 영토 확장 과업을 방해할 뿐 아니라 이미 얻은 것까지 빼앗을까 봐 걱정했으며, 또 프랑스 왕도 그와 비슷하게 할까 봐 염려했던 것입니다. 오르시니 군대의 충성심은 파엔차를 장악한 뒤 볼로냐를 공격했을 때 확인했는데, 그들이 무

대장으로 활동했다. 그 외에도 이탈리아 중부 치타디카스텔로의 비텔리 가문, 페루자의 발리오니 가문, 로마의 사벨리 가문 등이 영주처럼 군림하고 있었다.

기력하게 싸우는 모습을 보았기 때문입니다.[7] 그리고 루이왕에 대해서는 그가 우르비노 공국을 점령한 뒤 토스카나를 공격했을 때 본심을 알아차렸습니다. 루이왕이 토스카나 공격을 그만두도록 그를 제지했기 때문입니다.[8]

그리하여 공작은 다른 사람의 군대와 행운에 의존하지 않기로 마음먹었습니다. 첫 번째 조치로 로마에서 오르시니파와 콜론나파의 세력을 약화시켰는데, 두 당파를 추종하던 귀족들에게 커다란 혜택을 제공함으로써 그들을 자기편으로 확보했습니다. 그리고 자질에 따라 지휘권과 통치권을 부여했습니다. 그러자 몇 개월 안에 그들의 마음속에서 옛 당파에 대한 애정이 사라졌으며 그들은 완전히 공작의 편으로 돌아섰습니다. 그런 다음 콜론나 가문의 당파는 이미 흩어졌으므로 오르시니파를 소멸시킬 기회를 기다렸는데, 마침내 기회가 오자 그것을 아주 잘 이용했습니다. 공작과 교황청이 막강한 힘으로 자신들을 파멸시키려 한다는 것을 뒤늦게 깨달은 오르시니 사람들은 페루자에 있는 마조네에서 모임을 가졌습니다.[9] 모임의 결과로 우르비노의 반란,[10] 로마냐의 소요 등 공작에게 많은 위험이 닥쳤지만 공작은 프랑스인들의 도움을 받아 모두 극복했습니다. 그리고 다시 명성을 얻게 되자 프랑스도 믿지 않았고 어떤 외부 세력도 믿지 않았으며, 외부에 의존한 결과로 위험에 처하는 일을 피하고자 속임수를 썼습니다. 그는 자신의 속내를 감추고 파올로를 통해 오르시니 가문과 다시 화해했습니다. 공작은 파올로를 안심시키기 위해 돈, 의복, 말을 선물로 주면서 융숭하게 접

대했고, 결국 그들은 단순하게도 세니갈리아에서 공작의 손안에 들어가게 되었습니다.[11]

그렇게 우두머리들을 죽이고 그들의 추종자들을 친구로 만든 다음, 공작은 자신의 권력을 확고히 유지하는 데 도움이 될 만한 토대를 세웠습니다. 그는 우르비노 공국과 함께 로마냐 전체를 얻었고 특히 로마냐 주민의 호의를 얻은 것처럼 보였습니다. 그들이 번영을 맛보기 시작했기 때문입니다. 이런 내용은 알려질 만한 가치가 있고 다른 사람이 모방할 만해서 간과하지 않겠습니다. 로마냐를 정복한 공작은 그동안 무능한[12] 영주들이 그곳을 통치했다는 사실을 알게 되었습니다. 그들은 공정과 거리가 멀고 신민들을 약탈하는 데 급급했으며 사람들에게 통일보다 분열의 동기를 제공했습니다. 따라서 그 지방은 도둑질과 분쟁, 온갖 종류의 파렴치 행위로 가득했습니다. 공작은 그곳을 엄격한 권력에 복종하는 평화로운 지역으로 만들려면 효율적인 정부를 세워야 한다고 판단했습니다. 그래서 잔인하지만 일 처리가 신속한 레미로 데오르코[13]에게 그 지역을 맡기고 전권을 주었습니다. 그는 짧은 시간에 로마냐를 평화롭고 통일된 곳으로 만들어 커다란 명성을 얻었습니다. 나중에 공작은 그처럼 과도한 권위가 필요하지 않다고 판단했는데 그 이유는 증오를 받을까 봐 염려했기 때문입니다. 그래서 로마냐 중심지에 시민 재판소를 설치하고 탁월한 재판장을 임명했으며 각 도시가 자신들을 대변해줄 변호사를 두게 했습니다.[14] 그리고 그동안 엄격하게 굴어서 조금은 증오를 샀다는 것을 인지했던 터라, 민중의

군주론

마음을 씻어주고 완전히 자기편으로 만들고자 이제껏 행했던 잔인한 조치는 자신이 아니라 통치자[15]의 가혹한 성격에서 비롯되었음을 증명하려고 했습니다. 적절한 기회를 포착한* 그는 어느 날 아침 체세나의 광장에 두 조각으로 잘린 레미로를 내놓으면서 나무 조각** 하나와 피 묻은 칼을 한쪽에 놔두었습니다. 민중은 이처럼 참혹한 광경에 만족하면서도 깜짝 놀랐습니다.

　　다시 우리가 출발했던 곳으로 돌아가겠습니다. 그래서 말씀드리건대, 공작은 무척 강력해졌고 현재의 위험에서는 어느 정도 안전해졌습니다. 자신의 군대로 무장했으며 가까이에서 자신을 공격할 만한 군대를 대부분 무너뜨렸기 때문입니다. 계속해서 다른 지역도 정복하고 싶었던 그는 프랑스 왕을 존중하는 태도를 보였습니다. 뒤늦게 자신의 실수를 깨달은 왕이 용인하지 않으리라는 것을 알았기 때문입니다. 그래서 다른 동맹을 찾기 시작했으며 가에타를 포위하고 있던 스페인 군대에 대항하여 프랑스인들이 나폴리 왕국에 내려왔을 때 미온적인 태도로 프랑스를 대했습니다.[16] 공작은 그들의 위협에서 벗어나 안전을 보장받고 싶었는데 만약 알렉산데르가 살아 있었다면 공작의 의도대로 되었을 것입니다. 이는 당시의 상황에 대해[17] 그가 내린 조처였습니다.

- 　레미로는 식료품을 독점하고 마조네의 음모자들과 내통한 혐의로 기소되었다.
- ·· 　사형 집행에 사용된 나무의 일부분일 것으로 짐작된다.

하지만 그는 미래의 상황을 염려했습니다. 무엇보다 교황청의 후계자가 자신에게 우호적이지 않다 보니 알렉산데르가 준 것을 빼앗으려고 하지 않을까 의구심이 들었기 때문입니다. 그래서 네 가지 방법을 생각했습니다. 첫째는 새 교황에게 기회를 주지 않기 위해 자신이 빼앗은 지역의 영주 혈통을 모두 없애는 것이었고, 둘째는 교황을 억제할 수 있도록 로마 귀족 모두의 호감을 얻는 것이었고, 셋째는 추기경단(樞機卿團)을 가능한 한 자기편으로 만드는 것이었으며, 넷째는 공격을 받더라도 자신의 힘으로 저항할 수 있도록 교황이 죽기 전에 충분한 지배권을 얻는 것이었습니다. 알렉산데르가 사망했을 때 넷 중에서 앞의 세 가지는 완수했고 넷째도 거의 완수했습니다. 빼앗은 영토의 영주들을 가능한 한 많이 죽이고 극소수만 남겼으며 로마 귀족들과 추기경단을 대부분 자기편으로 끌어들였습니다. 새 영토를 정복하는 일에 대해서는 토스카나의 영주가 되려고 계획했고, 이미 페루자와 피옴비노를 소유했으며, 피사를 자기 보호 아래에 두었습니다.[18] 게다가 프랑스에 대해서 염려하지 않아도 되었으므로(프랑스는 이미 스페인에게 나폴리 왕국을 빼앗겼으며 두 나라가 모두 그의 환심을 살 필요가 있었기 때문입니다) 그는 피사를 급습할 수 있었습니다. 만약 그렇게 했다면 곧바로 루카와 시에나가 한편으로는 피렌체인들에 대한 질투심 때문에, 한편으로는 두려움 때문에 굴복했을 것이며, 그러면 피렌체인들은 속수무책이었을 것입니다. 만약 이런 일에 성공했다면 (알렉산데르가 사망한 바로 그해에 성공했을 것입니다) 그는 자신의 힘으로 권력을 지탱했을 것이며, 다른 사람의 군대나 행운을 바랄 필요가 없이 자신의 역량과 권력에 의지할 만큼 견고한 군사력을 갖추고 명성을 떨쳤을 것입니다.

하지만 알렉산데르는 그가 검을 들기 시작한 지 5년 만에 사망했습니다.[19] 그에게는 유일하게 로마냐만 확고하게 남아 있었고 다른 곳은 강력한 두 적국의 군대[20] 사이에서 허공에 뜨고 말았는데, 하필이면 그런 상황에서 그는 죽을병에 걸리고 말았습니다. 그래도 공작에게는 거칠고 사나운 정신력과 탁월한 역량이 있었으며 그는 사람들을 자기편으로 돌리거나 아니면 파멸시켜야 한다는 것을 잘 알고 있었습니다. 그토록 짧은 기간에 확고한 토대를 세운 터라 만약 군대가 가까이에 있지 않았거나 건강에 문제가 없었다면 그는 모든 어려움을 이겨냈을 것입니다.

그의 토대가 훌륭했다는 것은 곧바로 알 수 있습니다. 로마냐는 한 달 이상 그를 기다렸고,[21] 로마에서는 그가 반죽음 상태였는데도 안전했기 때문입니다. 발리오니, 비텔리, 오르시니 가문이 로마에 왔지만 반란을 일으키지 않았습니다. 그는 자신이 원하는 사람을 교황으로 만들 수는 없었지만 적어도 원하지 않는 사람이 선출되지 않게 할 수는 있었습니다. 만약 알렉산데르가 사망했을 때 그가 건강했더라면 모든 일이 순조롭게 진행되었을 것입니다. 율리우스 2세가 선출되던 날, 그가 제게 말했지요.[22] 아버지가 세상을 떠나면서 나타날 법한 모든 일을 생각했고 그에 대한 대비책을 세웠는데, 아버지가 사망하면서 자신도 죽기 직전에 놓이리라고는 전혀 예상하지 못했다고 말입니다.

공작의 행위를 종합해보면 저는 그를 비난하고 싶지 않습니다. 오히려 타인의 무력과 행운으로 통치권을 얻은 사람에게 모방할 만한 표본으로 제시할 가치가 있어 보입니다. 커다란 뜻과 야망을 품은 그가 다른 방식으로 통치할 수는 없었을 것이기 때문입니다. 그의 계획을 가로막은 것은 단지 알렉산데르의 짧은 삶*과 자신의 병이었습니다. 그러므로 누구든지 새 군주국에서 적의 위협을 피하고, 친구를 얻고, 무력이나 기만으로 승리하고, 민중이 자신을 두려워하면서도 사랑하게 만들고, 병사들이 존경하면서도 복종하게 만들고, 자신을 공격할 수 있거나 공격해야 하는 사람들을 소멸시키고, 새 제도로 옛 제도를 개혁하고, 엄격하면서도 친절하고, 관대하면서 자유롭고, 불충한 군대를 없앤 다음 군대를 새로 조직하고, 왕이나 군주들과 우정을 유지하고, 그리하여 그들이 자신에게 은혜로 혜택을 베풀거나 아니면 공격을 망설이도록[23] 만들어야 한다고 판단한 사람은 그의 행동보다 더 참신한 예를 찾을 수 없을 것입니다.

단지 교황 율리우스의 선출과 관련해서, 그가 잘못 선택한 것은 비난받을 수 있습니다. 왜냐하면 앞서 말한 것처럼 자기 마음대로 누군가를 교황으로 만들 수는 없었지만 특정 인물이 교황으로

---

* 알렉산데르 6세는 일흔 살이 넘어 사망했으므로 짧은 삶이라고 할 수 없는데, 아마 체사레 보르자의 야망을 실현하기 전에 죽었음을 강조하려는 의도로 보인다.

추대되지 않도록 막을 수는 있었기 때문입니다. 그리고 자신이 공격했거나 아니면 교황이 된 다음 자신을 두려워할 만한 추기경 중에서 교황이 나오도록 절대 허용하지 말아야 했습니다. 왜냐하면 사람들은 두려워하거나 증오하는 대상을 공격하기 때문입니다. 그가 공격한 추기경들로는 산피에트로 인 빈콜리, 콜론나, 산조르조, 아스카니오[24]가 있었으며, 다른 추기경들은 모두 교황이 되면 그를 두려워할 사람들이었습니다. 루앙[25]과 스페인 추기경들만 예외였으니 스페인 추기경들은 관계와 의무 때문이었고 루앙은 프랑스 왕국과 연결된 권력 때문이었습니다. 그러므로 공작은 무엇보다 먼저 스페인 출신을 교황으로 세워야 했으며, 그럴 수 없었다면 산피에트로 인 빈콜리가 아니라 루앙을 지지했어야 합니다. 그리고 중요한 인물들이 새로운 혜택을 얻으면 과거에 받은 모욕을 잊을 수 있다고 믿는 사람은 자기기만에 빠지고 맙니다. 그러니까 공작은 중요한 선택에서 실수를 범했고 그것이 그를 파멸에 이르게 한 원인이었습니다.*

• 율리우스 2세는 교황이 된 다음 약속을 어기면서 로마냐를 돌려달라고 요구했는데 체사레 보르자는 어쩔 수 없이 동의한 다음 1504년에 나폴리로 도피했다. 하지만 나폴리에서 체포되어 스페인으로 압송되었고, 1506년에는 스페인 감옥에서 탈출해 나바라 왕국으로 갔으나 1507년 반란군의 매복에 걸려 사망했다.

08장

사악함으로 군주가 되는 사람들에 대하여

하지만 보통 사람에서 군주가 될 때 행운이나 역량의 덕으로 돌릴 수 없는 두 가지 방법이 있는데, 이를 간과할 수는 없습니다. 비록 그중 하나에 대해서는 공화국을 다룰 때 광범위하게 논의할 수 있겠지만 말입니다.[1] 두 가지 방법은 사악하고 역겨운 수단이나 방식으로 군주의 자리에 오르는 경우와 평범한 시민 한 사람이 다른 시민들의 호의를 얻어 조국의 군주가 되는 경우입니다. 그중 첫 번째 방법은 옛날과 현재의 두 가지 사례로 증명할 것이며 장점에 대해서는 별도로 검토하지 않을 것입니다. 필요하다면 사례를 모방하는 것만으로 충분하기 때문입니다.

시칠리아의 아가토클레스[2]는 보통 사람의 운명[3]으로, 그것도 낮고 비천한 신분에서 시라쿠사의 왕이 되었습니다. 옹기장이의 아들로 태어난 그는 악행을 일삼으며 살았습니다. 그렇지만 자신의 사악한 성향에다 정신적·육체적 역량을 덧붙였고, 군대에 들어간 뒤에는 모든 단계를 밟아나가면서 시라쿠사의 사령관[4] 자리에 올랐습니다. 그러자 그는 군주가 되어 타인의 도움 없이 무력으로 지위를 유지하겠다고 결심했습니다. 그런 다음 계획을 실행하기 위해 카르타고의 하밀카르[5]와 공모했습니다. 그때 하밀카르는 군대를 이끌고 시칠리아에서 싸우는 중이었습니다. 어느 날 아침 아가토클레스는 나라[6]의 일을 결정하는 자리로 가장하고 시라쿠사의 원로원과 시민을 불러 모은 다음 병사들에게 미리 정해둔 신호를 보내어 원로원 의원들과 부자 시민들을 모두 죽였습니다. 이렇게 그는 아무런 저항 없이 도시의 군주 자리를 차지한 뒤 권력을 유지해나갔습니다. 또한 그는 카르타고에 두 번이나 패하고 마지막에는[7] 포위당했지만 도시를 지켰을 뿐[8]만 아니라 도시를 방어하기 위해 남겨둔 병력을 제외한 나머지 군사들을 이끌고 아프리카를 공격했습니다. 그렇게 그는 짧은 시간에 시라쿠사를 적의 포위에서 해방하고 카르타고를 극단적인 상황으로 몰아넣었습니다. 그리하여 카르타고인들은 아가토클레스와 협상하고 아프리카 영토에 만족하면서 시칠리아를 그의 몫으로 남겨두었습니다.•

• 그러나 실제로는 시칠리아 동부 지역만 아가토클레스의 지배 아래 있었고, 서부 지역은 여전히 카르타고가 장악했다.

따라서 그의 행동과 역량을 고찰해보면 행운으로 돌릴 수 있는 것이 없거나 무척 적습니다. 그러니까 앞에서 말씀드렸듯이 그는 누군가의 호의가 아니라 수많은 불편과 위험을 이겨내며 얻어낸 군사적 지위를 토대로 군주의 자리까지 올랐고, 나중에는 대담하면서도 위험한 수단까지 동원해 권력을 유지했습니다. 더구나 시민들을 죽이고 친구들을 배신했으며, 신의와 자비 그리고 신앙심도 없는 행태를 역량이라고 부를 수 없습니다. 그런 수단을 통해 통치권을 얻을 수야 있겠지만 명예를 얻기는 어렵습니다. 위험 속으로 들어가고 또 위기에서 벗어나는 역량과 역경을 견디고 극복하는 용기를 고려한다면, 아가토클레스가 다른 탁월한 지휘관보다 열등하다고 판단할 이유는 없습니다. 하지만 수없이 저지른 악행을 비롯해서 야만적일 만큼 잔인하고 비인간적인 면 때문에 탁월하다고 찬양받는 인물의 반열에 들기는 어렵습니다. 그러므로 그가 행운과 역량* 없이 이루어낸 것을 두고 행운 또는 역량 덕분에 얻었다고 말할 수는 없습니다.

우리 시대의 사례로 알렉산데르 6세가 통치하던 시기의 페르모 사람 올리베로토[9]를 들 수 있습니다. 그는 고아가 된 뒤 조반니 폴리아니라는 외삼촌의 손에서 자랐습니다. 젊은 시절 파올로 비텔

---

* 여기에서 virtù는 "덕성"으로 옮기는 것이 적합해 보일 수도 있지만, 앞뒤의 맥락과 대비 관계를 고려해 "역량"으로 옮겼다.

리[10] 휘하에 들었고, 훈련 과정을 충분히 거친 뒤 군대에서 상당히 높은 지위까지 이르렀습니다. 그러다 파올로가 죽은 뒤 그의 형 비텔로초[11] 밑에서 싸웠으며, 영민한 데다 신체와 정신이 강인했던지라 짧은 시간에 비텔로초의 군대에서 일인자가 되었습니다. 하지만 다른 사람의 지휘를 받는 것을 굴욕이라고 여겼던 그는 자유보다 예속을 원하는 페르모 일부 시민의 도움과 비텔로초의 지원을 받아 페르모를 장악하기로 결심했습니다. 그래서 조반니 폴리오니에게 오랫동안 고향을 떠나 있었으니 돌아가서 삼촌을 만나고, 자기가 살던 땅을 돌아보며, 한편으로는 자신의 유산을 확인하고 싶다는 내용의 편지를 썼습니다. 이어서 자신은 명예를 얻기 위해 노력했으니 자기가 그동안 시간을 헛되이 보내지 않았다는 사실을 시민들이 분명하게 알 수 있도록 말을 탄 친구들과 부하들 100명을 동반해서 명예롭게 방문하기를 원한다고 했습니다. 이어서 페르모 시민에게 환영받을 수 있도록 준비해달라고 부탁했으며, 이 일은 단지 자신뿐만 아니라 자신을 양육한 삼촌에게도 명예가 될 것이라고 덧붙였습니다.

그리하여 조반니는 조카가 부탁한 일을 조금의 부족함도 없이 이행했고 페르모 시민들이 올리베로토를 명예롭게 맞이하도록 준비했습니다. 올리베로토는 삼촌의 집에 며칠 동안 머무르면서 앞으로 벌일 사악한 일을 비밀리에 계획한 뒤 성대한 잔치를 열고 조반니 폴리아니와 페르모의 주요 인사들을 초대했습니다. 음식을 먹고 잔치에서 으레 벌어지는 여흥이 끝난 뒤 올리베로토는 교황 알렉산데르와 그의 아들 체사레 그리고 두 사람의 위대한 업적을 입에 올리면서 교묘하게 중요한 이야기를 꺼냈습니다. 그 말에 조반니와 다른 사람들이 대답하자 그는 갑자기 일어나더니 그런 내용은 좀 더 은밀한 장소에서 논의해야 한다고 말하면서 방으로 향했습니다. 그래서 조반니와 다른 시민들도 그의 뒤를 따랐습니다. 그런데 사람들이 자리에 앉자마자 방에 숨어 있던 병사들이 나와서 그들을 모두 죽였습니다. 그렇게 살인을 저지른 다음 올리베로토는 말 위에 올라타서 도시를 가로지르며 달렸고 고위 관리들을 포위했습니다. 그리하여 그들은 두려운 마음으로 그에게 복종했습니다. 그는 새 정부를 세우고 군주가 되었으며, 자신에게 불만을 품고 저항할 만한 사람들을 모두 죽인 다음 시민적·군사적 제도를 새로 마련해서 지위를 강화했습니다. 그리하여 그는 1년 안에 페르모를 장악했을 뿐만 아니라 이웃 나라들에게도 두려운 존재가 되었습니다. 만약 앞에서 말씀드렸듯이 세니갈리아에서 오르시니와 비텔리가 잡혔을 때 올리베로토가 체사레 보르자에게 속지 않았다면, 그를 축출하는 일은 아가토클레스를 무너뜨리는 일만큼이나 어려웠을 것입니다. 올리베로토는 그곳에서 붙잡혔으며 친척을 살해한 지 1년 만에 역량이나 사악함에 있어 스승이라고 할 수 있는 비텔로초와 함께 목이 졸려 죽고 말았습니다.

어떻게 아가토클레스나 그와 비슷한 사람들이 수없는 배신과 잔인한 일을 저지르면서도 조국에서 오랫동안 안전하게 살면서 외부의 위협으로부터 자신을 보호할 수 있었는지, 시민들은 왜 그에게 반대해 음모를 꾸미지 않았는지 궁금해하는 사람도 있을 것입니다. 많은 사람이 잔인한 행동을 저질러서 불안정한 전쟁 통에는 말할 것도 없고, 평화로운 시기에도 나라를 유지하지 못했기 때문입니다. 제 생각에 그것은 잔인함을 잘 활용했는지, 아니면 잘못 활용했는지에 따라 판가름이 날 것 같습니다. (악에 대해서도 '잘'이라고 말하는 것이 합당하다면) 자신을 안전하게 지키기 위해서 단번에 악을 저지르고, 훗날 계속하지 않으면서 그것을 가능한 한 신민들에게 유익한 방향으로 전환한다면 잘 활용했다고 할 수 있습니다. 반면 비록 처음에는 미약하지만 시간이 흐르면서 꺼지지 않고 오히려 더 커지면, 잘못 활용했다고 할 수 있습니다.* 첫 번째 방법을 지키는 사람들은 아가토클레스가 그랬던 것처럼 하느님과 함께, 사람들과 함께 자신의 상태[12]에 대한 대책을 마련할 수 있지만, 그렇지 않은 사람들은 권력을 유지할 수 없습니다.

그러므로 나라를 점령할 때는 반드시 해야 하는 공격을 모두 검토하고, 단번에 행하며, 날마다 새로 반복하지 말아야 합니다. 그렇게 해서 사람들을 안심시키고 혜택을 베풀면 그들에게 호감을 얻을 수 있습니다. 소심함 때문에 혹은 잘못된 충고 때문에 그와 다르게 하는 사람은 언제나 손에 칼을 들고 있어야 하며, 신민들을 믿

---

* 마키아벨리는 필연적이고 순간적인 잔인함과 지속적이고 불필요한 잔인함을 구별하고 있다.

고 의지할 수 없습니다. 새로운 모욕이 지속되면 신민들이 절대로 그에게 안심할 수 없기 때문입니다. 모욕을 주어야 한다면 그 맛을 덜 느끼고 기분이 덜 상하도록 한꺼번에 가해져야 하며, 혜택은 그 맛을 더 잘 느끼도록 조금씩 베풀어야 합니다. 무엇보다 군주는 좋든 나쁘든 어떤 사건을 마주하더라도 자신의 행동을 바꾸지 않으면서 신민들과 살아야 합니다. 역경의 시기에 어려움[13]이 닥치면 당신은[14] 악행에 의존할 시간이 없고, 선행을 베풀어도 도움이 되지 않을 것입니다. 억지로 했다고 여겨서 전혀 감사하지 않을 것이기 때문입니다.

09장

시민 군주국에 대하여

보통 시민이 사악함이나 그 밖의 견딜 수 없는 폭력을 통해서가 아니라 다른 시민들의 호의를 얻어서 조국의 군주가 되는 경우[•]에 대해 말씀드리자면, (그것은 시민 군주국이라 부를 수 있는데, 거기에 이르려면 순전한 역량이나 행운이 아니라 도리어 운 좋은 교활함이 필요하지요) 그런 지위는 민중의 호의 혹은 귀족들[1]의 호의로 오를 수 있습니다. 모든 도시에는 두 가지 서로 다른 성향이 있는데, 민중은 귀족들에게 명령을 받거나 억압되기를 바라지 않고 반대로 귀족들은 민중에게 명령을 내리며 그들을 억압하고 싶어 합니다. 이처럼 서

[•] 8장 앞부분에서 제시한 사례 중 하나다.

로 다른 욕망 때문에 도시에서는 세 가지 형태 중 하나가 나타나는 데 군주국, 자유* 그리고 방종**입니다. 군주국은 이쪽 또는 저쪽이 기회를 포착함에 따라 민중에 의해 혹은 귀족들에 의해 세워집니다. 귀족들은 민중의 압박을 견딜 수 없을 때 자신들 중 한 명에게 호의를 보여서 그를 군주로 만든 다음 군주의 그늘 아래에서 자신의 욕망을 이루려고 합니다. 그리고 민중도 귀족들에게 저항할 수 없다는 사실을 깨달으면 한 사람에게 호의를 주고 그를 군주로 만든 뒤 그의 권위를 힘입어 자신들을 보호하려고 합니다.

귀족들의 도움으로 군주가 되는 사람은 민중의 도움으로 군주가 되는 사람보다 권력을 유지하기가 어렵습니다. 왜냐하면 군주 주위에는 자기가 그와 동등하다고 생각하는 사람이 많기 때문입니다. 그래서 군주는 자기 방식대로 그들에게 명령할 수도 없고 그들을 마음대로 다룰 수도 없습니다. 하지만 민중의 호의로 군주가 된 사람은 혼자 있게 되고, 따라서 주위에 복종하지 않을 만한 사람이 전혀 없거나 아주 적습니다. 그 외에도 다른 사람들을 모욕하지 않고 정직하게 행동하는 것으로 귀족들을 만족시킬 수는 없지만 민중에게는 그렇게 할 수 있습니다. 민중의 목적은 귀족들의 목적보다 정직하니, 곧 귀족들은 억압하려고 하고 민중은 억압받지 않으

---

* 모든 시민의 자유에 토대를 둔 공화국을 가리키는 것으로 해석된다.
** 일종의 무정부 상태를 가리킨다.

려고 하기 때문입니다. 게다가[2] 군주는 적대적인 민중으로부터 자신을 지키기 어렵습니다. 수가 너무 많기 때문입니다. 반면에 귀족들로부터는 안전할 수 있는데, 이는 수가 적기 때문입니다. 군주가 적대적인 민중에게 당할 수 있는 최악의 상황은 그들에게 버림받는 것입니다. 하지만 적대적인 귀족들에게서는 버림받는 것뿐만 아니라 그들이 자신에게 반역하는 것까지 두려워해야 합니다. 그들은 안목이 높고 교활해서 언제나 자신들을 구할 시간적 여유가 있고, 승리가 예상되는 자들의 환심을 얻고자 노력합니다. 그리고 군주는 언제나 동일한 민중과 살아야 하지만 동일한 귀족들과 함께 살 이유는 없습니다. 언제든지 임명하거나 해임할 수 있고, 원하는 대로 그들의 명성을 높여주거나 빼앗을 수 있기 때문입니다.

이 부분을 좀 더 명확하게 밝히기 위해서 말씀드리자면, 귀족들에 대해서는 주로 두 가지 방식을 고려해야 합니다. 그들은 당신의 행운과 완전히 결부되도록 행동하거나 아니면 그와 다르게 처신합니다. 당신의 행운과 관련이 깊고 탐욕스럽지 않은 자들은 존중하고 사랑을 주어야 하지만 그렇지 않은 자들은 두 가지 방식으로 검토해야 합니다. 소심하거나 선천적으로 용기가 부족해서 그렇게 행동한다면 그들에게 좋은 충고를 해줄 만한 자들을 활용하는 것이 좋습니다. 번영의 시기에는 그들이 당신을 명예롭게 해줄 것이며, 역경의 시기에는 당신이 그들을 두려워할 필요가 없기 때문입니다. 하지만 그들이 교활한 야망을 품고 당신과 관계를 맺었다면 이는 당신보다 자신을 더 중요하게 여긴다는 표징입니다. 군주는 그들을 주시하면서 공공연한 적으로 간주하고 두려워해야 합니다. 역경의 시기가 되면 그들이 군주를 파멸시키는 데 힘을 보탤 것이기 때문입니다.

그러므로 민중의 호의를 얻어 군주가 된 사람은 민중과 친구 관계를 유지해야 하는데, 그런 일은 어렵지 않습니다. 그들이 원하는 것은 군주에게 억압받지 않는 것뿐이기 때문입니다. 하지만 민중과 대립해서 귀족들의 호의로 군주가 된 사람은 무엇보다 민중의 환심을 얻도록 노력해야 하는데, 만약 군주가 그들을 보호해준다면 이를 쉽게 이룰 수 있습니다. 사람은 악행을 저지를 것으로 믿었던 자가 선행을 베풀면 그를 더욱 의지하는 법이라 민중은 자신들의 호의로 권력을 잡은 군주보다 그런 군주에게 우호적인 감정을 느낍니다. 군주는 여러 방법으로 민중의 환심을 얻을 수 있는데, 그 방법들은 상황에 따라 달라지므로 분명한 규칙을 제시할 수 없습니다. 따라서 뒤에 논의하도록 남겨둘 것입니다. 다만 군주는 민중을 친구로 삼아야 하며 그렇지 않으면 역경이 닥쳤을 때 속수무책이라고 결론을 내리겠습니다. 스파르타의 군주 나비스[3]는 그리스 전체는 물론 승승장구하던 로마 군대의 포위를 견뎌냈고, 그들에게 대항해서 나라를 지켰습니다. 그는 위험이 닥쳤을 때 단지 소수와 맞서는 것만으로 자신을 보호했습니다. 만약 그가 민중을 적으로 두었다면 그것만으로 충분하지 않았을 것입니다.

이러한 저의 견해에 "민중을 토대로 삼은 사람은 진흙을 토대로 삼은 것과 같다"[4]라는 진부한 속담으로 반대하는 이가 없을 줄로 압니다. 이 말은 민중을 발판으로 권력을 잡은 보통 시민이 적이나 고위 관리들에게 압력을 받는 상황에서 민중이 자신을 구해줄 것이라고 믿을 때만 적용되기 때문입니다. 그런 상황에서는 로마에서 그라쿠스 형제*가 그리고 피렌체에서 조르조 스칼리**가 그랬던 것처럼 자기기만에 빠질 수 있습니다. 하지만 민중을 기반 삼아 군주가 된 사람이 명령할 줄 알고 용기가 있으며, 역경이 닥쳤을 때 당황하지 않고, 다른 문제들을 철저하게 대비하며, 자신의 용기와 제도를 바탕으로 민중을 활력 있게 만든다면 절대로 민중에게 속지 않을 것이며 자신의 권력이 단단한 기반 위에 세워졌음을 깨달을 것입니다.

이런 군주국들은 시민 체제에서 절대 체제로 전환하려고 할 때 위험에 빠지기 쉽습니다. 군주가 직접 통치하거나 관리들을 통해 통치하기 때문입니다. 후자의 경우 군주의 입장은 좀 더 약하고

• 티베리우스 그라쿠스(기원전 163?-133)와 가이우스 그라쿠스(기원전 154-121) 형제는 공화정 시대 로마의 호민관을 역임하면서 평민의 권익을 보호하기 위해 노력하다가 목숨을 잃었다. 특히 제2차 포에니(포이니) 전쟁 이후 농민 계급이 점차 몰락하는 것을 막고자 토지 개혁을 추진했다. 하지만 그들이 도와주려고 노력한 평민 계층의 몰이해와 무능함으로 개혁은 실패했다. 형 티베리우스는 반대파가 일으킨 폭동에서 살해당했고, 동생 가이우스는 반대파에게 잡히지 않으려고 노예의 손에 죽는 길을 택했다.

•• 조르조 스칼리는 피렌체의 부유한 시민으로 1378년에 치옴피(촘피)의 난이 일어난 후 톰마소 스트로치와 함께 민중의 지도자가 되었다. 그들이 민중을 선동하자 부유한 부르주아 계급은 반발했는데 정작 민중은 그들을 도와주지 않았다. 스트로치는 달아나서 목숨을 건졌지만 스칼리는 1382년 1월 17일에 죽임을 당했다.

위험한데, 관리로 세운 시민들의 의지에 전적으로 의존하기 때문입니다. 그들은 특히 역경이 닥치면 반대하거나 복종하지 않음으로써 군주에게서 나라를 쉽게 빼앗을 수 있습니다. 그리고 위험에 처한 군주는 절대적 권위를 장악할 시간이 없습니다. 시민이나 신민은 관리의 명령을 받는 데 익숙하다 보니 위기 상황에서 군주의 명령에 복종하려 하지 않기 때문입니다. 그리고 군주는 혼란스러운 시기에 믿을 만한 사람을 찾기가 어려울 것입니다. 왜냐하면 그런 군주*는 시민이 나라를 필요로 하는 평온한 시기에 보여준 모습만 믿고 그들을 의지할 수 없기 때문입니다. 평소에는 모두가 군주에게 몰려들어 서약하며, 죽음이 멀리 있는 터라 저마다 군주를 위해 죽겠다고 나섭니다. 하지만 나라가 역경에 처해서 시민의 힘이 필요한 순간이 오면 그런 사람을 찾기 어렵습니다. 더구나 그런 일은 딱 한 번만 시도해볼 수 있으므로 지극히 위험합니다. 그러므로 현명한 군주는 시민이 어떤 시기에도 자신과 나라를 필요로 하면서 자신에게 충성하도록 만들 방법을 고안해야 합니다.

---

* 관리들을 통해 명령하는 군주를 가리킨다.

10장

모든 군주국의 힘은 어떻게 측정해야 하는가

이러한 군주국들의 특성을 검토할 때 염두에 두어야 할 점이 하나
있습니다. 군주가 필요시에 자신의 힘으로 지탱할 수 있을 만큼 강
한 나라를 가졌는지, 아니면 언제나 다른 사람에게 보호를 받아야
하는지를 고려해야 합니다. 이 부분을 명확하게 밝히기 위해서 말
씀드리자면, 백성이 많거나 재정이 풍부해서 누가 공격해오든 그에
맞서 야전(野戰)•을 벌일 수 있을 만큼 강한 군대를 거느린 군주라
면 자신의 힘으로 지탱할 수 있을 것입니다. 반면 들판에서 적을 맞
이할 능력이 없고 오직 성벽 안으로 피해서 수비해야 하는 군주는

• 산이나 들 같은 야외 혹은 성이나 도시 외의 육상에서 벌이는 전투를 말한다.

언제나 다른 사람의 도움이 필요하다고 판단됩니다. 첫 번째 경우는 이미 논의했고,* 필요할 때 다시 논의할 것입니다. 두 번째 경우에 대해서는 군주에게 도시를 요새화하고 방어 설비를 갖추며, 시골**에 대해서는 신경을 쓰지 않도록 권유하는 것 외에 달리 해줄 말이 없습니다. 누구든지 도시를 훌륭한 요새로 만들고 이미 말씀드린 것처럼, 또 앞으로 말씀드릴 것처럼 신민들과 함께 정부를 운영한다면 적은 언제나 신중하게 공격할 것입니다. 왜냐하면 사람들은 어렵게 보이는 임무를 꺼리기 때문입니다. 강력한 도시를 구축해두고 민중에게 미움을 받지 않는 군주를 공격하는 일은 분명 어려울 수밖에 없습니다.

독일[1]의 도시들은 무척 자유롭고 시골 지역의 영토가 적습니다. 그들은 원할 때만 황제에게 복종하며 황제나 주변의 강한 자들을 두려워하지 않습니다. 도시를 훌륭한 요새로 만들어놓은 터라 누구든 이곳을 공략하기는 대단히 어렵고 지지부진할 것이라고 생각하기 때문입니다. 모든 도시에 든든한 성벽과 해자가 있고 대포가 적절하게 배치되어 있으며, 공공 저장고에는 1년 동안 버티기에 충분한 음식과 물, 연료가 비축되어 있습니다. 그뿐만 아니라 공적인 비용을 지출하지 않고도 민중이 먹고살 수 있도록 도시와 산업

- 6장을 참조하라.
- 여기에서 "도시"는 성벽으로 둘러싸인 지역을 가리키며, "시골"은 성벽 밖의 외곽 지역을 가리킨다.

의 생명이자 신경을 이루는 영역에서 1년 동안 일거리를 제공할 수 있습니다. 그리고 군사 훈련을 중요하게 여기며 이를 위해 많은 규정을 두고 있습니다.

그러므로 강력한 도시를 갖추고 있으면서 미움을 받지 않는 군주는 함부로 공격할 수 없습니다. 그래도 공격하는 사람은 누구든 부끄러운 일을 당하고 퇴각할 것입니다. 세상에서는 다양한 일들이 벌어지기 마련이라 군대와 함께 그곳을 포위하고 1년 동안 아무런 일 없이 지낼 수는 없기 때문입니다. 만약 성벽 밖에 소유지가 있는 민중이 자신의 토지가 불타는 것을 보면 인내심을 잃을 것이며, 오랜 포위에 지치고 이기심²이 발동해서 군주를 잊을 것이라고 반박한다면 저는 이렇게 대답하겠습니다. 강하고 용기 있는 군주라면 때로는 신민들에게 고통이 오래도록 지속되지 않는다는 희망을 주고, 때로는 잔인한 적에 대한 경각심을 일깨우며, 때로는 지나치리만큼 대담해 보이는 자들로부터 교묘하게 안전을 지켜나가면서 어려움을 모두 극복할 것이라고 말입니다. 그 외에도 적은 당연히 도착하자마자 마을을 불태우고 파괴할 것인데, 그때는 사람들의 마음이 아직 뜨겁고 나라를 지키겠다는 열정도 강합니다. 따라서 군주는 크게 걱정하지 않아도 됩니다. 며칠 후 마음이 가라앉았을 때는 이미 피해를 보았고 고통도 받을 만큼 받았고 마땅한 대책도 없을 것이기 때문입니다. 사람들은 군주를 지키기 위해 자신들의 집이 불타고 소유지가 파괴되었으니 이제 군주가 자신들에 대해 의무를 졌다고 생각하면서 군주와 더욱 똘똘 뭉치게 됩니다. 그리고 사람들의 본성은 자신이 받는 혜택과 마찬가지로 자신이 베푸는 혜택에 의해서도 서로 얽매이게 됩니다. 이 모든 것을 잘 고려해볼 때 신중한 군주라면 포위 속에서 음식과 방어 수단이 부족하지 않은 한 시민들의 사기를 처음처럼 확고하게 유지하는 일은 어렵지 않습니다.

11장

교회 군주국에 대하여

이제 교회 군주국을 논의하는 일만 남았습니다. 교회 군주국의 모든 어려움은 국가를 소유하기 전에 생겨납니다. 이런 국가는 역량 혹은 행운으로 얻게 되며 두 가지가 없어도 유지됩니다. 왜냐하면 오래된 종교 제도 덕분에 군주가 어떻게 살고 행동하느냐에 관계없이 지위*를 유지할 수 있기 때문입니다. 군주는 나라를 갖고 있지만 방어할 필요가 없으며 신민들을 통치하지 않아도 됩니다. 방어하지 않아도 나라를 빼앗길 염려가 없습니다. 그리고 신민들은

---

* 원문은 '나라' 또는 '국가'를 의미하는 stato인데, 여기에서 마키아벨리는 종교를 놀라운 통치 도구로 간주하고 있다.

군주가 자기들을 통치하지 않아도 신경 쓰지 않습니다. 그들은 군주에게서 벗어날 생각조차 하지 않으며 그럴 수도 없습니다. 그러므로 그런 군주국은 안전하고 행복합니다. 하지만 교회 군주국은 인간의 정신이 도달할 수 없을 만큼 우월한 원인으로 지탱되는 터라 저는 언급하지 않겠습니다. 이런 나라는 하느님이 높이고 유지하는 곳이기에 오만하고 무모한 사람이나 그것을 논할 것입니다.*

그렇지만 알렉산데르 이전 이탈리아의 강한 세력[1]들, 단지 강한 세력이라 일컬어지는 자들뿐만 아니라 세력이 미약한 귀족과 영주 모두가 교회의 세속 권력을 대수롭지 않게 생각했습니다. 만약 어떻게 해서 교황청의 세속 권력이 이제는 프랑스 왕 같은 인물도 두려워할 정도로 강력해졌으며 프랑스 왕을 이탈리아에서 몰아내고 베네치아를 파멸시킬 수 있었는지를 제게 묻는다면, 비록 지금은 잘 알려지기는 했지만 다시금 상기해보는 것도 긴요한 일이라고 생각됩니다.

프랑스 왕 샤를이 이탈리아에 내려오기[2] 전까지 이탈리아는 교황, 베네치아인, 나폴리 왕, 밀라노 공작, 피렌체인의 지배를 받고 있었습니다. 이 강력한 세력들은 두 가지 중요한 사안에 주의했는데, 하나는 외세가 무력으로 이탈리아를 침공해서는 안 된다는 것

---

* 종교에 대한 냉소적인 태도가 나타난다. 이런 경향은 16세기 지식인들 사이에 널리 퍼져 있었다.

이었고 다른 하나는 자기들 중에서 그 누구도 더 많은 영토를 점령해서는 안 된다는 것이었습니다.[3] 특히 주의를 더 많이 기울인 세력은 교황과 베네치아인들이었지요. 다른 세력들은 페라라를 방어할 때 그랬던 것처럼[4] 연합해서 그들을 견제했습니다. 그리고 교황을 견제하려는 목적으로 로마의 귀족들을 이용했습니다. 로마의 귀족들은 오르시니와 콜론나로 나뉘었고, 두 당파 사이에는 언제라도 분쟁이 일어날 만한 여지가 있었습니다. 또한 그들은 교황의 눈앞에서도 손에 무기를 들고 있을 만큼 교황권을 약하고 무기력하게 만들었습니다. 이따금 식스투스[5]처럼 용기 있는 교황이 등장했지만 그의 행운이나 지혜[6]만으로는 그처럼 어려운 상황에서 벗어날 수 없었습니다. 원인은 교황 임기의 단명[7]이었으니, 교황의 평균 재임 기간인 10년 동안[8] 두 당파 중 하나를 약화시키기는 힘들었습니다. 예를 들어[9] 어느 교황이 콜론나파를 거의 소멸시켰다면 이후 오르시니파에게 적대적인 교황이 즉위해서 콜론나파가 다시 일어나게 만들었습니다. 하지만 그렇게 하고 난 뒤에 오르시니파를 소멸시킬 만한 시간이 부족했습니다. 그런 이유로 이탈리아에서 교황의 세속적 힘은 높은 평가를 받지 못했습니다.

그런데 알렉산데르 6세는 이전의 어떤 교황보다 돈과 무력으로 얼마나 강한 힘을 얻을 수 있는지 보여주었습니다. 발렌티노 공작을 도구로 삼고 프랑스의 침입을 계기로 삼아, 그는 공작의 활동에 대해 제가 앞에서 논의했던 모든 일을 했습니다.[10] 원래 의도는 교황청이 아니라 공작을 위대하게 만드는 것이었지만, 그는 결국 교황청을 위대하게 만들었습니다. 그가 죽고 또 공작까지 세상을 떠나자 교황청은 그의 노고가 맺은 결실을 물려받았습니다.

그런 다음 율리우스 교황이 나타났는데,[11] 그는 강력해진 교황청이 로마냐 전체를 장악하고 로마의 귀족들을 무기력하게 만들었으며 특히 알렉산데르가 당파들에게 타격을 입혀서 무너뜨렸다는 사실을 알아차렸습니다. 게다가 알렉산데르 이전의 교황들은 몰랐던 재물을 쌓는 길이 활짝 열린 것을 발견했습니다.[12] 이후 율리우스는 그 길을 따랐을 뿐만 아니라 더 확장해나갔습니다. 그래서 볼로냐를 장악하고[13] 베네치아인들을 무력화하며 프랑스인들을 이탈리아에서 쫓아낼 계획을 세웠습니다. 그는 모든 과업을 성공적으로 수행했고, 무엇보다 개인이 아니라 교회의 힘을 강화하기 위해서 한 일이었기 때문에 칭찬을 받았습니다. 또한 오르시니파와 콜론나파가 당시 처해 있던 무기력한 상태를 유지하도록 했습니다. 그들 중에 변화를 일으킬 만한 우두머리가 있더라도 두 가지가 그들을 꼼짝 못하게 붙잡았습니다. 하나는 놀랄 만큼 강력한 교황청의 힘이었고 다른 하나는 그들에게 소란을 일으킬 만한 추기경이 없다는 것이었습니다. 언제든 추기경을 갖게 되면 당파들 사이에 평화는 없을 것입니다. 그들이 로마 안팎에서 당파를 조성하고 귀족들은 자신이 속한 당파를 보호하도록 강요받을 것이며, 그런 식으로 귀족들 사이에는 성직자들의 야망에서 비롯된 불화와 소란이 발생하기 때문입니다.

이제 레오 교황 성하(聖下)께서 이처럼 막강한 교황의 직위를

〈교황 레오 10세 그리고 추기경 줄리오 데 메디치와 루이지 데 로시〉
(라파엘로, 1518년)

가운데가 레오 10세이고 뒤의 두 명은 메디치 가문 출신의 추기경들이다. 왼쪽이 훗날 교황 클레멘스 7세가 될 줄리오, 오른쪽은 레오 10세의 어머니 쪽 사촌인 루이지다. 레오 10세가 실행한 면죄부 판매는 사람들의 반발을 샀고 종교개혁의 불씨가 되었다.

받으셨으니, 전임 교황들이 무력으로 그 자리를 위대하게 만들었다면, 이분께서는 선량함과 헤아릴 수 없는 역량으로 그 자리를 가장 위대하고 존경받게 만드실 것이라고 기대합니다.•

• '위대한 자' 로렌초의 둘째 아들 조반니 데 메디치는 1513년 2월 21일 교황 레오 10세(재위 1513-1521)로 선출되었다. 마키아벨리는 신중한 태도로 그에게 아첨하는 것처럼 보인다.

12장

군대의 종류는 얼마나 많은지
그리고 용병에 대하여

제가 처음에 말씀드린 모든 군주국의 성격을 상세하게 논의했고, 번영과 쇠퇴의 이유도 어느 정도 고찰했습니다. 또한 많은 사람이 군주국을 얻고 유지하기 위해 노력하는 방법도 보여주었습니다. 이제 각 군주국이 공격과 방어를 해야만 하는 상황에서 택할 수 있는 보편적인 방법을 논의하는 일이 남았습니다.

군주는 좋은 토대를 가져야 하며 그렇지 않으면 파멸하게 된다고 앞에서 제가[1] 말씀드렸습니다. 옛 군주국이든 새 군주국이든 또는 혼합 군주국이든, 모든 군주국의 주요 토대는 좋은 법률과 좋은 군대입니다. 좋은 군대가 없이는 좋은 법률을 가질 수 없고, 좋은 군대가 있으면 좋은 법률도 가질 수 있기 마련입니다. 그러므로 저는 법률에 대한 논의를 뒤로 미루고 군대에 대해서 말씀드리겠습니다.

　그러니까 말씀드리자면, 군주가 자기 나라를 방어할 때 동원하는 무력은 자신의 군대이거나 용병, 지원군 또는 혼합된 형태입니다. 용병과 지원군은 무익하고 위험합니다. 만약 누군가 자기 나라의 방어를 용병에 의존하고 있다면 안정이나 안전을 기대할 수 없습니다. 왜냐하면 용병으로 이루어진 군대는 분열되어 있고, 야심에 차 있으며, 규율이 없을 뿐만 아니라 충성스럽지도 않기 때문입니다. 그들은 친구들과 있을 때만 용맹할 뿐 적 앞에서는 비열하며, 하느님을 두려워하지 않고 사람에게 신의를 지키지 않습니다. 따라서 적의 공격이 지연되는 만큼 나라의 파멸이 지연될 뿐이며, 평화로운 시기에는 그들에게 약탈을 당하고 전시에는 적에게 약탈을 당할 것입니다. 약간의 급료를 받는 것 외에는 그들이 전쟁터에 나갈 이유가 없는데, 그것조차도 당신을 위해 목숨을 걸 만큼 충분하지 않습니다. 따라서 그들은 당신에게 애정이 없습니다. 평화로운 시기에는 당신의 군인이 되려 하지만 막상 전쟁이 벌어지면 도망치거나 군대에서 떠나버립니다. 저는 이 내용으로 어렵지 않게 사람들을 설득할 수 있으니, 이탈리아가 지금처럼 파멸한 것은 오랜 세월 동안 용병에게 의존한 것 외에 다른 이유를 찾을 수 없기 때문입니다. 물론 용병은 누군가에게 어느 정도 도움을 주었고 다른 용병과 싸울 때 용맹을 떨치기도 했습니다만, 외국 군대가 침입했을 때는 본모습을 드러냈습니다. 그래서 프랑스의 샤를왕이 백묵

하나로 이탈리아를 점령한 것은 당연한 결과였습니다.* 우리의 죄 때문에 그렇게 되었다고 말한 사람은 진실을 밝힌 셈이지만,** 그것은 그가 생각했던 죄가 아니라 제가 이야기한 죄였으며 군주들이 저지른 죄였기 때문에 그들 역시 자신이 저지른 죄의 대가로 형벌을 받았습니다.

저는 용병 군대로 인한 불행을 좀 더 자세히 보여주고 싶습니다. 용병 대장들은 탁월하거나 그렇지 않은 사람들입니다. 만약 탁월하다면 당신은 그를 믿을 수 없습니다. 주인인 당신을 억압하면서 혹은 당신의 의도에서 벗어나 다른 사람들을 억압하면서 자신이 위대해지기만을 열망할 것이기 때문입니다. 만약 그가 역량이 없는 사람이라면 당신은 당연히 파멸할 것입니다. 용병이든 아니든 누구든지 무력을 가지면 그렇게 행동할 것이라고 반박한다면 군대란 군주 아니면 공화국이 운용해야 한다고 대꾸하겠습니다. 군주는 직접 나가서 사령관의 임무를 수행해야 하고 공화국은 시민을 보내야 하는데, 만약 공화국이 보낸 자가 유능하지 않다면 교체해야 하고 유능하다면 주어진 권한 밖의 일에 관여하지 않도록 법률로

- 샤를 8세는 1494년 이탈리아에 침입했을 때 별다른 저항을 받지 않았다. 그래서 백묵을 가지고 병사들이 숙박할 집을 표시하는 것만으로 충분했다는 이야기가 전해진다. 당시 프랑스 정치가이며 연대기 작가였던 필리프 드 코뮌(1447?-1511)이 『회고록』에서 증언한 바에 따르면, 교황 알렉산데르 6세가 그런 말을 했다고 한다.
- 사보나롤라의 설교를 암시한다. 사보나롤라는 이탈리아인들이 저지른 여러 가지 죄를 벌하기 위해 외국 군대가 침입할 거라 예언했다고 한다.

억제해야 합니다. 무장한 군주와 공화국만이 눈부신 발전을 이룰 수 있으며 용병은 단지 피해만 준다는 사실은 경험으로 알 수 있습니다. 그리고 외부의 군대가 아니라 자신의 군대로 무장한 공화국은 시민 한 명에게 정복당할 가능성이 훨씬 낮습니다.

로마와 스파르타는 수 세기 동안 무력을 갖추었고 자주적인 국가를 유지해왔습니다. 스위스인들은 훌륭하게 무장되었고 무척 자유롭습니다.* 옛날 용병 군대의 예로 카르타고를 들 수 있습니다. 그들은 로마와 맞섰던 제1차 포에니** 전쟁이 끝난 뒤 지휘관이 시민이었는데도 용병 군인들에게 억압을 당했습니다.[2] 테베 사람들은 에파미논다스가 죽은 뒤 마케도니아의 필리포스를 사령관으로 추대했지만, 그는 전쟁에서 승리를 거두자 테베 사람들의 자유를 빼앗았습니다.[3]

밀라노인들은 필리포 공작이 죽은 뒤 베네치아인들에 대항해서 프란체스코 스포르차를 용병 대장으로 고용했는데, 그는 카라바조에서 적을 물리친 뒤 자신의 주인인 밀라노인들을 억압하고자 적과 결탁했습니다.[4] 그의 아버지 스포르차[5]는 나폴리 조반나 여왕의 군인이었다가 갑자기 여왕을 비무장 상태로 버려두고 떠났습니다. 그래서 여왕은 왕국을 잃지 않으려고 아라곤 왕의 품으로 몸을

• 마키아벨리는 스위스가 자국 군대의 이상적인 모델을 보여준다고 생각하여 높게 평가했다. 하지만 당시 스위스는 유럽의 거의 모든 군주에게 용병을 제공했다.
•• 라틴어 표기 방식은 "포이니"지만 오랜 관용에 따라 "포에니"로 표기한다.

군주론

던질 수밖에 없었습니다. 과거에 베네치아인과 피렌체인은 용병을 고용해서 자신의 통치권을 확장했는데, 용병 대장은 군주가 되지 않고 그들을 보호해주었습니다. 저는 이에 대해 피렌체인들이 운명의 혜택을 받았다고 말하겠습니다. 두려움을 줄 만큼 역량 있는 용병 대장들 중에서 일부는 승리하지 못했고, 일부는 저항에 부딪혔으며, 일부는 야망을 다른 곳으로 돌렸기 때문입니다. 승리를 거두지 못한 용병 대장으로는 조반니 아우쿠트[6]가 있습니다. 그가 전쟁에서 패했기 때문에 그의 충성심을 알 수는 없지만 만약 승리했다면 피렌체가 그의 재량에 달려 있었을 것이라고 모두가 인정합니다. 스포르차는 언제나 브라초 사람들[7]과 대립했고 그들은 서로 경계했습니다. 프란체스코는 자신의 야망을 충족하기 위해 롬바르디아로 향했으며 브라초는 교황령과 나폴리 왕국에 대항했습니다. 하지만 얼마 전에 일어난 일을 살펴보겠습니다. 피렌체인들은 파올로 비텔리*를 대장으로 삼았는데, 그는 무척 신중한 사람으로 보통 사람의 신분에서 출발해 커다란 명성을 얻었습니다. 만약 그가 피사를 점령했다면 피렌체인들은 계속 그와 함께 있어야 했다는 것**을 부정할 사람은 아무도 없을 것입니다. 그가 자기들의 적이 된다면 그를 막아낼 대책이 없을 것이고, 계속 고용한다 해도 그에게 복종

- 8장을 참조하라.
- 그를 계속 자신들의 사령관으로 고용했어야 한다는 뜻이다.

피렌체에 입성하는 샤를 8세(프란체스코 그라나치, 15-16세기)

1494년 11월 17일에 샤를 8세가 이끄는 프랑스군이 피렌체에 입성하는 모습을 그린 작품이다. 샤를 8세는 나폴리의 왕위를 요구하면서 대군을 이끌고 이탈리아를 침공했다. 프랑스군은 큰 저항 없이 이탈리아반도를 통과해서 나폴리를 정복했다.

할 수밖에 없기 때문입니다.

만약 베네치아인들의 발전을 고려해본다면, 전쟁을 치르는 동안에는 그들 스스로 무척 신중하고 영광스럽게 움직였다는 것을 알 수 있습니다. 하지만 그것은 이탈리아 본토에서[8] 군사 활동[9]을 벌이기 전이었으며, 당시 귀족들과 무장한 민중은 뛰어난 역량을

프란체스코 스포르차(보니파초 벰보, 1460년경)

밀라노 공작 필리포 비스콘티의 용병 대장으로 카라바조 전투에서 베네치아에 승리한 뒤 밀라노의 권력을 장악했다. 마키아벨리는 용병을 쓰는 것은 좋은 방법이 아니라는 주장을 뒷받침하고자 그의 사례를 들었다.

발휘했습니다. 그러나 본토에서 싸우기 시작하면서 그런 모습을 버리고 이탈리아의 관례를 따랐습니다.[10] 그리고 본토에서 영토를 확장하기 시작할 때는 점령한 지역이 많지 않았던 데다가 커다란 명성을 누렸기 때문에 용병 대장들을 그다지 두려워할 이유가 없었습니다. 하지만 카르마뇰라 백작[11]의 지휘로 영토를 확장하면서 그들이 저지른 실수가 명백히 드러났습니다. 왜냐하면 그들은 그가 얼마나 대단한 역량을 가졌는지 알아챘고, 그의 지휘 아래 밀라노 공작이 무너지는 것을 보았으며, 한편으로 그가 전쟁에서 냉정하게 처신한다는 것도 알고 있었던 터라 더는 그와 함께 승리를 거둘 수 없다고 판단했기 때문입니다. 그들은 그를 원하지 않았지만 그렇다고 해고할 수는 없었습니다. 그랬다가는 자신들이 얻은 것을 잃을 수도 있었기 때문입니다. 따라서 스스로를 보호하려면 그를 죽여야만 했습니다. 그런 다음 베르가모 사람 바르톨로메오, 산세베리노 사람 로베르토, 피틸리아노 백작[12] 그리고 비슷한 사람들을 사령관으로 삼았는데, 그들과 함께 새 영토를 얻는 것이 아니라 이미 가진 영토를 잃을까 봐 걱정해야 했습니다. 훗날 바일라[13]에서 그랬던 것처럼 말입니다. 그들은 단 하루의 전투로 800년에 걸쳐 아주 힘들게 얻은 지역을 잃어버렸습니다. 용병을 쓰면 서서히, 뒤늦게, 보잘것없이 정복할 수 있지만, 한순간에 어처구니없는 일로 상실할 수도 있습니다.

오랜 세월 동안 용병에게 지배당했던 이탈리아의 사례를 들었으니, 이제 저는 기원과 발전 과정을 검토해보면서 더 나은 방향을 제시할 수 있도록, 좀 더 수준 높은 관점에서 논의하고 싶습니다. 그러니까 최근 들어 제국*이 이탈리아에서 밀려나기 시작하자 곧

• 신성 로마 제국을 가리킨다.

바로 교황은 세속 권력에서 더 높은 명성을 얻었으며, 이탈리아는 많은 나라로 분열되었다는 사실을 알아야 합니다.• 다수의 대도시가 예전에 황제의 지원을 받아 자신들을 억압했던 귀족들에 대항해서 무기를 들었고, 교회는 세속 권력에서 명성을 얻고자 그런 도시들을 지원했으며, 그 밖의 여러 도시에서 시민이 군주가 되었기 때문입니다. 그리하여 이탈리아 영토의 대부분은 교회와 일부 공화국의 손에 들어가게 되었는데, 성직자들과 시민들은 무력에 대해 잘 모르는지라 돈을 주고 외부인을 고용하기 시작했습니다. 그런 군대에게 명성을 가져다준 최초의 인물이 로마냐 사람인 쿠니오의 알베리코[14]였습니다. 그에게 배운 사람들 중 브라초와 스포르차가 있었고 그들은 당대 이탈리아의 결정권자가 되었습니다. 그 뒤로 우리 시대에 이르기까지 용병 군대를 지배한 사람들이 나왔습니다. 그리고 그들의 역량이 빚은 결과로 이탈리아는 샤를의 침략을 받았고, 루이에게 약탈당했고, 페란도에게 억압을 받았으며,[15] 스위스인들에게 모욕을 당했습니다.[16]

자기의 명성을 지키려는 의도로 그들••이 채택한 제도는 첫째, 보병의 명성을 떨어뜨리는 것이었습니다. 그들은 자신들의 나라가

———

• 마키아벨리는 이탈리아의 분열과 불화의 원인이 신성 로마 제국 황제의 무관심과 교황청의 부당한 개입 때문이라고 주장한 단테의 정치적 관념에 동조하고 있는 것처럼 보인다.

•• 용병 대장들을 가리킨다.

없고 고용에 의존하므로,[17] 소수의 보병은 그들에게 명성을 가져다 주지 못하며 그렇다고 해서 다수의 보병을 부양할 능력도 없습니다. 따라서 기병으로 전환하고 명성을 얻을 수 있으면서도 감당할 만큼의 병력만 유지했습니다. 그 결과 병사 2만 명 규모의 부대에서 보병은 2천 명 이하로 줄었습니다. 그 외에도 그들은 자신은 물론 병사들의 노고와 두려움을 줄여주고자 온갖 노력을 기울였는데, 전투에서 서로 죽이지 않고 포로로 붙잡아 몸값을 요구하지도 않았습니다. 밤에는 도시를 공격하지 않았고, 도시를 지키는 용병들은 야영지를 공격하지 않았습니다. 진영 주위에 방책이나 해자를 설치하지 않았으며, 겨울에는 야영하지 않았습니다. 이 모든 것은 군사적 제도로 허용되었고, 제가 말씀드린 것처럼 노고와 위험을 피하기 위해 고안된 것이었습니다. 그 결과 그들은 이탈리아를 노예 상태로 몰아넣었고 수모를 겪게 했습니다.

13장

지원 군대, 혼합 군대, 자국 군대에 대하여

지원 군대는 당신이 외부의 강한 자에게 손을 내밀었을 때 당신을 돕고 지켜주기 위해서 들어온 군대입니다. 이 또한 무익한 군대라고 할 수 있습니다. 근래에 교황 율리우스의 사례에서 보듯이 말입니다. 그는 페라라를 공격하려고 용병 군대를 고용했다가 비참한 결과를 얻고 나서 지원 군대로 눈을 돌렸고, 스페인 왕 페란도가 부하들과 군대를 동원해 자신을 돕도록 합의했습니다.[1] 지원 군대는 본인에게 유용하고 좋을 수 있지만, 그들을 불러들인 사람에게는 거의 언제나 해를 끼칩니다. 만약 전쟁에서 지면 당신은 몰락할 것이고, 이긴다고 해도 그들의 포로가 될 것이기[2] 때문입니다. 고대사를 살펴보면 그런 사례가 가득하지만, 그래도 저는 교황 율리우스 2세가 최근에[3] 겪은 일을 주목하고 싶습니다. 그의 결정은 잘못

되었다고 평가할 수밖에 없으니, 페라라를 얻으려고 하다가 자신을 외국인의 수중에 몰아넣었기 때문입니다. 하지만 행운 덕택에 예상치 않은 일[4]이 일어나 잘못된 선택의 결과를 감당하지 않아도 되었습니다. 그를 지원하러 온 군대가 라벤나에서 패하자 스위스 용병들이 나타나 승리자들을 쫓아버렸는데,[5] 이는 그뿐 아니라 모든 사람의 예상을 벗어난 일이었습니다. 적들이 달아났으니 그들의 포로가 되지도 않았고, 다른 군대가 승리했으니 지원 군대의 포로가 되지도 않았기 때문입니다. 피렌체인들은 전혀 무장되지 않은 터라 피사를 장악하기 위해서 1만 명의 프랑스 군대를 이끌고 갔는데, 이런 결정 때문에 그들은 과거의 그 어떤 어려움보다 큰 위기에 직면했습니다.[6] 콘스탄티노폴리스의 황제는 자기 이웃을 대적하고자 튀르크 병사 1만 명을 그리스로 불러들였습니다.[7] 하지만 그들은 전쟁이 끝난 뒤에도 떠나려고 하지 않았으며, 이를 계기로 그리스는 이교도에게 예속되었습니다.

만약 승리를 원하지 않는다면 지원 군대를 끌어들여야 합니다. 그들은 용병보다 훨씬 더 위험한 존재라서 그들과 함께하면 파멸은 불 보듯 뻔합니다.[8] 그들은 굳게 단결되어 있고 언제나 누군가의 명령에 복종하기 때문입니다. 하지만 용병 군대가 전쟁에서 승리한 뒤에 당신을 공격하려면 좀 더 많은 시간과 기회가 필요합니다. 그들은 완전한 일체가 되지 못했으며, 당신이 돈을 주고 그들을 고용했기 때문입니다. 당신이 제삼의 인물을 사령관으로 임명한다고 해서 그가 곧바로 당신을 공격할 만한 권위를 얻는 것은 아닙니다. 간

라벤나 전투(작자 미상, 16세기)

1512년 4월 11일에 이탈리아 북부의 라벤나에서 가스통 드 푸아가 이끄는 프랑스-페라라 군대와 프랑스에 대항해 신성 동맹을 맺은 스페인-교황령 군대가 맞서 싸웠다. 프랑스군은 라벤나를 손에 넣었지만 가스통이 전사한 뒤 사기가 떨어졌고, 이후 스위스와 베네치아 동맹군의 공격을 받아 퇴각했다.

단히 정리하면 용병 군대에서는 나태함이, 지원 군대에서는 역량이 위험 요소입니다. 그래서 현명한 군주는 언제나 그런 군대들을 멀리하고 자신의 군대에 의존했습니다. 또한 외부의 힘을 빌려 승리하는 것보다 차라리 자신의 군대만으로 싸워서 패하는 길을 택했으니, 전자는 진정한 승리가 아니라고 판단했기 때문입니다.

저는 주저 없이 체사레 보르자와 그의 행동을 예로 들고 싶습니다. 공작은 전원이 프랑스인으로 구성된 지원 군대와 함께 로마냐 지방으로 들어갔고, 이몰라와 포를리를 점령했습니다. 하지만 지원 군대에게 위협을 느꼈고, 그들보다는 용병이 덜 위험하다고 판단했기 때문에 오르시니와 비텔리의 용병을 고용했습니다. 그런데 그들을 다루는 과정에서 그들이 충성심도 없을뿐더러 위험하기까지 하다는 사실을 알아채자 그들을 해체했으며,* 자신의 군대에 의존했습니다. 공작이 단지 프랑스 군대를 이용했을 때와 오르시니 및 비텔리의 용병들에 의존했을 때의 명성 그리고 자신의 병사들과 함께 스스로를 의지했을 때 얻은 명성을 비교해보면 그런 군대들 사이에 어떤 차이가 있는지 쉽게 알 수 있습니다. 그가 자기 군대를 완전하게 소유했다는 것을 모두가 본 뒤에야 비로소 그는 최고라는 평가를 받았습니다.

저는 이탈리아의 최근 사례에서 벗어나고 싶지 않습니다. 그렇

---

* 각 부대의 용병 대장을 죽임으로써 해체했다(7장 참조).

다고 시라쿠사의 히에론을 뒤에 남겨두고 싶지도 않습니다. 앞에서 제가 언급한 사람이기 때문입니다. 이미 말씀드렸듯이 그는 시라쿠사 사람들의 추대로 군대의 사령관[9]이 되었고, 그런 용병 군대는 유익하지 않다는 것을 곧바로 알았습니다. 군대의 대장들이 우리 이탈리아의 용병 대장들과 똑같았기 때문입니다. 히에론은 그들을 데리고 있을 수도 보낼 수도 없었기에 모두 살해했으며,[10] 그런 다음 외부에 의존하지 않고 자신의 군대로 전쟁을 치렀습니다.

또한 저는 이런 주제와 어울리는 구약의 인물을 상기해보겠습니다. 다윗이 이스라엘을 도발하는 필리스티아 사람 골리앗과 싸우러 가겠다고 사울에게 말했을 때 사울은 용기를 북돋고자 그에게 자기 갑옷을 입혔습니다. 다윗은 사양하면서 그 갑옷을 입은 채로는 능력을 발휘할 수 없으니 자신의 무릿매와 칼로 적과 대결하고 싶다고 말했습니다.[11] 다른 사람의 갑옷[12]은 당신의 몸에서 흘러내리거나, 당신을 무겁게 짓누르거나, 아니면 세게 조일 뿐입니다.

루이 11세의 아버지 샤를 7세는 자신의 행운과 역량으로 영국의 압제에서 프랑스를 해방한 뒤 자국의 군대로 무장해야 할 필요성을 깨달았습니다. 그래서 왕국 안에 기병[13]과 보병으로 구성된 군대를 조직했습니다.[14] 나중에 그의 아들 루이[15]는 보병 부대를 해체하고 스위스 용병을 고용하기 시작했는데, 이후의 왕들●이 그런 실

●   샤를 8세와 루이 12세를 가리킨다.

수를 이어받으면서, 실제로 드러난 것처럼[16] 프랑스 왕국의 위기를 초래했습니다. 스위스 용병에게 명성을 안겨주면서 자신의 군대를 보잘것없이 만들었기 때문이며, 보병을 해체하고 기병들을 다른 나라 군대에 의존했기 때문이며, 스위스 용병과 함께 싸우는 것에 익숙해져서 그들 없이는 승리할 수 없다고 생각했기 때문입니다. 프랑스인들은 스위스인들에게 맞설 수 없었고, 스위스인들 없이는 적과 싸우지도 못하게 되었습니다. 그리하여 프랑스 군대는 일부는 용병이고 일부는 자국민들로 이루어진 혼합 군대가 되었습니다. 이런 군대는 순수한 지원 군대나 순수한 용병 군대보다야 낫지만 순수한 자국 군대보다는 훨씬 못합니다. 이 점은 앞서 말한 예로 충분할 것입니다. 만약 샤를의 제도가 확대되었거나 그대로 유지되었다면, 프랑스 왕국은 어떤 세력도 이겨낼 수 없는 나라가 되었을 것이기 때문입니다. 하지만 사람들은 신중하지 못하기 때문에 제가 앞에서 결핵에 대해 말씀드린 것처럼,* 맛이 좋으면 그 속에 담긴 독을 깨닫지 못하고 그런 일을 시작하지요. 그러므로 군주국에서 나쁜 일이 발생할 때 그것을 알아채지 못하는 사람은 어리석다고 할 수 있습니다. 그런 능력은 소수에게만 주어지는 법입니다. 그리고 로마 제국이 몰락한 주요 원인을 고려한다면, 오로지 고트족[17] 사람들을 용병으로 고용하기 시작하면서 그랬음을 알 수 있습니다. 그

---

* 3장을 참조하라.

때부터 로마 제국의 힘이 약해지기 시작했고, 그들의 모든 역량이 고트족에게로 옮겨 갔습니다.

결론적으로 말씀드리자면, 자국 군대를 갖지 않고는 어떤 군주국도 안전하지 않고, 역경에서 자신을 보호해줄 역량을 가질 수 없기 때문에, 완전히 행운에만 의존하게 됩니다. 그리고 현명한 사람들의 의견과 판단은 언제나 "자신의 무력에 토대를 두지 않은 권력의 명성처럼 불안정하고 허약한 것은 없다"[18]였습니다. 자신의 무력이란 신민들, 시민들 또는 하인들로 구성된 군대이며, 다른 모든 군대는 용병 아니면 지원 군대입니다. 제가 앞에서 언급한 네 명●의 제도를 검토해보고, 알렉산드로스 대왕의 아버지 필리포스를 비롯해 여러 공화국과 군주가 어떻게 무장하고 조직했는지 살펴보면 자국 군대를 조직하는 방법은 쉽게 찾을 수 있을 것입니다. 저는 그런 제도들을 전적으로 신뢰합니다.

● 체사레 보르자, 히에론, 샤를 7세, 다윗을 가리킨다.

14장

군대와 관련하여 군주는 무엇을 해야 하는가

군주는 전쟁과 전투 방법 그리고 훈련 외에는 자신의 기술로 다른 목표를 세우거나 생각하는 것을 비롯해 어떤 것도 취하면 안 됩니다. 그것은 명령하는 사람에게 기대할 수 있는 유일한 기술이기 때문입니다. 또한 그것은 군주로 태어난 사람에게 권력을 유지하게 할 뿐만 아니라 종종 보통 운명[1]을 타고난 사람을 군주의 지위로 올라가게 해줄 만큼 커다란 역량[2]입니다. 반면에 군주가 군대보다 세련된 것들을 더 많이 생각하면 지위를 잃습니다. 이는 우리가 잘 아는 사실입니다. 군주의 지위를 잃게 만드는 첫 번째 원인은 군사 관련 기술을 연마하는 데 게으른 것입니다. 합당한 지위를 얻으려면 그 일에 전념해야 합니다. 프란체스코 스포르차는 무장했기 때문에 보통 사람에서 밀라노 공작이 되었고, 그의 자식들[3]은 군대를 유지하는 과정에서 일어나는 어려움을 피했기 때문에 공작에서 보통 사람이 되었습니다. 무장을 갖추지 않으면 여러 가지 나쁜 결과를 낳는데, 그중 하나는 경멸을 받게 된다는 것입니다. 그것은 앞으로 말씀드릴 내용처럼 군주가 경계해야 하는 오명 중 하나입니다. 무장한 것과 무장하지 않은 것은 차이가 큽니다.[4] 무장한 사람이 무장하지 않은 사람에게 기꺼이 복종하거나 무장하지 않은 사람이 무장한 하인들 사이에서 안전하기를 기대하는 일은 이치에 맞지 않습니다. 무장한 자에게는 경멸이 있고 무장하지 않은 자에게는 의심이 있기에 서로 협력할 수 없습니다. 군대에 관해 모르는 군주는 앞에서 말씀드린 다른 불행 외에도, 자신의 병사들에게 존경받지 못하게 되며 군주 또한 그들을 믿지 못하게 됩니다.

따라서 군주는 전쟁에 대한 생각을 한시도 머릿속에서 거두면 안 됩니다. 도리어 전시보다는 평화로울 때 더 많이 훈련해야 합니다. 훈련은 두 가지 방면으로 할 수 있는데, 하나는 행동이고 다른 하나는 정신입니다. 행동 훈련에서는 병사들을 잘 조직하고 전투 기술을 연마하도록 유지하는 것 외에도 불편한 상황에 익숙해지도록 언제나 사냥을 하게 해서 그들의 몸을 단련해야 합니다. 그러는 동안 지형의 이치를 배우고, 산이 어떻게 솟아 있는지, 계곡이 어떻게 안으로 들어가 있는지, 평지가 어떻게 펼쳐져 있는지 파악하고, 강과 늪의 성격을 이해하며, 거기에 주의를 기울이도록 해야 합니다. 그렇게 쌓은 지식은 두 가지 면에서 유용합니다. 첫째, 자기 고장을 잘 알고 어떻게 방어할지 파악할 수 있습니다. 그리고 지형에 관한 지식과 경험을 토대로 처음 접하는 지역의 특징을 쉽게 이해할 수 있습니다. 예를 들어 토스카나의 언덕, 계곡, 들판, 강, 늪지는 다른 지역에 있는 것들과 유사한 점이 많습니다. 따라서 한 지역의 지형에 대한 지식을 바탕으로 다른 곳에도 쉽게 익숙해질 수 있습니다. 그런 노련함이 부족한 군주는 사령관의 첫 번째 요건을 갖추지 못한 것이나 다름없습니다. 지형 지식을 활용하면 적을 발견하고, 숙영지를 정하고, 군대를 이끌고, 전투를 조직하고, 자국에 유리하도록 도시를 공격하는 방법을 알아낼 수 있기 때문입니다.

아카이아인들의 필로포이멘[5]은 작가들에게 칭송받는 군주입니다. 그는 평화로운 시기에도 전쟁을 치르는 방법에 대해서만 생각했고, 동료들과 함께 전장에 있을 때면 자주 걸음을 멈추고 그들과 논의했다고 합니다. "적이 저 언덕 위에 있고 우리는 군대와 함께 여기 있다면, 누가 더 유리할까? 어떻게 대열을 유지하면서 적을 공격하러 갈 수 있을까? 만약 우리가 퇴각한다면 어떻게 해야 할까? 만약 적이 퇴각한다면 어떻게 뒤쫓아야 할까?" 또한 그는 동료들과 함께 가는 동안 군대에 일어날 수 있는 모든 경우를 제시하면서 그들의 의견을 들었으며, 자신의 의견도 이야기하면서 논거를 보강해나갔습니다. 그처럼 끊임없이 숙고한 덕분에 그가 군대를 이끄는 동안 미리 대책을 세우지 않았던 돌발적인 사고는 전혀 일어나지 않았습니다.

정신 훈련과 관련해서는 먼저 군주가 역사서를 읽어야 합니다. 탁월한 인물들의 행동을 살펴보고 그들이 전쟁에서 어떻게 행동했는지, 승리와 패배의 원인은 무엇인지 검토하면 실전에서 패배를 피하고 승리하는 방법을 터득할 수 있습니다. 무엇보다 그들이 했던 대로 따라 해야 합니다. 그 사람도 자기보다 먼저 칭찬과 명예를 얻은 누군가를 모방하려 했고, 그의 행동과 태도를 언제나 자기 곁에 두었으니까요. 사람들이 말하듯이 알렉산드로스 대왕은 아킬레우스를 모방했고, 카이사르[6]는 알렉산드로스를, 스키피오[7]는 키루스를 모방했습니다. 크세노폰[8]이 쓴 키루스의 생애를 읽어보면 스키피오가 키루스를 모방한 것이 그에게 얼마나 큰 영광을 가져다주었는지 알 수 있습니다. 또한 스키피오가 성적인 절제,[9] 친근함, 인간성, 관대함에서 크세노폰이 키루스에 대해 쓴 것처럼 되려고 얼마나 노력했는지 확인할 수 있을 것입니다.

현명한 군주는 그와 비슷한 방법을 따라야 하며 평화로운 시기에 절대로 게을리 지내지 말고, 근면하게 그 시기를 활용해서 역경에 대처해야 합니다. 행운이 바뀌더라도 거기에 저항할 준비가 되어 있도록 말입니다.

15장

사람들, 특히 군주가 칭찬받거나 비난받게 만드는 것들에 대하여

이제 군주가 신민들이나 친구들을 대할 때 어떤 태도로 어떻게 행동해야 하는지 살펴보는 일이 남았습니다. 이미 많은 사람이 다뤄왔던 주제라 제가 다른 사람들의 체계에서 벗어난 논지를 전개하면 오만하다고 여겨질까 봐 두렵습니다. 하지만 제 의도는 이 문제를 이해하는 사람에게 유익한 내용을 쓰는 것입니다. 따라서 사물을 상상하는 것보다 단도직입적으로 실제적 진실에 접근하는 것이 타당하다고 생각했습니다. 많은 사람*이 한 번도 본 적 없고 존재

―――

* 그중에는 『국가』를 쓴 플라톤 같은 고대 작가들도 포함될 수 있지만, 여기에서 마키아벨리는 군주의 의무와 이상에 대해 수사학적이고 과장된 글을 쓰던 당시 작가들을 염두에 두었던 것으로 추정된다.

한다고 알려지지도 않은 군주국과 공화국을 상상했습니다. 사람들이 '어떻게 사는가'와 '어떻게 살아야 할 것인가' 사이는 거리가 아주 멀다 보니 실제로 행하는 일보다 해야 할 일을 지향하는 사람은 권력을 유지하는 것이 아니라 도리어 파멸을 배우게 됩니다.* 모든 부분에서 착한 일을 하려는 사람은 그렇지 않은 다수 사이에서 파멸하기 마련이니까요. 그러므로 군주가 자신의 지위를 유지하고 싶다면 착하게 굴지 않는 법을 배워야 하며, 필요에 따라 그렇게 해야 합니다.

군주에 대해 상상한 것들을 제쳐두고 실제 문제를 논의하자면, 모든 사람 특히 높은 자리에 있는 군주에 대해 말할 때, 그들은 자신의 자질 때문에 비난 또는 칭찬을 받습니다. 누군가는 너그러운[1] 사람으로 인정받고 누군가는 인색하다[2]는 평을 듣습니다(토스카나어로 하자면 그러한데, 우리 언어에서 avaro[3]는 아직도 누군가에게서 무언가 강탈하려는 사람을 뜻하며, 자기 것을 지나치게 아끼는 사람은 misero라 부르기 때문입니다). 또 누구는 주는 사람인데 누구는 강탈하는 사람이라고, 누구는 잔인한데 누구는 자비롭다고, 누구는 신의가 없는데 누구는 충실하다고, 누구는 여성스럽고 소심한데 누구는 광포하고 용기가 있다고, 누구는 인간적인데 누구는 오만하다고, 누구는 음란한데 누구는 순결하다고, 누구는 정직한데 누구는 교활하

●   현실과 동떨어진 결정을 내리고 실행하면 파멸한다는 뜻이다.

다고, 누구는 완고한데 누구는 태평하다고, 누구는 중후한데 누구는 경박하다고, 누구는 신심이 깊은데 누구는 회의적이라고 생각합니다. 위에 열거한 자질 중에서 좋다고 생각하는 것들을 군주가 갖추었다면 모두가 칭찬할 만하다고 인정할 것입니다. 하지만 인간의 조건은 그런 자질들을 모두 가지고 온전하게 준수하며 살도록 허용하지 않는 법입니다. 따라서 군주는 나라를 빼앗길 만한 악덕을 저질러 오명을 입지 않도록 신중하게 처신해야 하며, 나라를 빼앗기지 않을 만큼의 악덕이라 해도 가급적 피해야 합니다. 하지만 그러기 어렵다면 크게 신경 쓰지 말고 그냥 내버려둘 수 있습니다. 게다가 그런 악덕 없이 나라를 구하기 어렵다면, 악덕을 행함으로써 오명을 무릅쓰는 일이 있더라도 신경 쓰지 말아야 합니다. 왜냐하면 모든 일을 고려할 때 어떤 것은 미덕⁴처럼 보이지만 그것을 따르면 자신이 파멸할 수도 있고, 또 어떤 것은 악덕처럼 보이지만 그것을 따르면 안전과 번영을 누릴 수 있기 때문입니다.

16장

너그러움과 인색함에 대하여

앞에서 말씀드린 첫 번째 자질부터 시작하자면, 너그럽다고 여겨지는 것이 바람직할 것입니다. 그럼에도 불구하고 당신이 너그럽다는 평판을 받게끔 처신한다면 당신에게 해가 된다는 말씀을 드리고 싶습니다. 너그러운 자질을 적절한 때 역량 있게[1] 발휘한다고 해도 그런 일은 알려지지 않을 것이며 도리어 당신은 그와 반대되는 오명을 피할 수 없기[*] 때문입니다. 그러므로 사람들에게 너그럽다는 평가를 받으며 명성을 유지하고 싶다면 호화로움이라는 자질도 놓치지 말아야 하는데, 그렇게 하는 군주는 자신의 재원을 전부 그

─────

* 반대로 인색하다는 평가를 받게 된다는 뜻이다.

런 일에 쏟아부을 수밖에 없습니다. 따라서 민중에게 과도한 부담을 주고 가혹하게 굴면서 돈을 얻기 위해 가능한 한 모든 일을 해야 합니다. 그러다 보면 군주는 신민에게 증오를 받기 시작하고 점점 가난해져서 누구에게도 존경을 받지 못할 것입니다. 결국에는 자신의 너그러움으로 많은 사람에게 피해를 주고 소수에게만 혜택을 줌으로써 곤란을 겪게 되며 처음 맞닥뜨리는 위협으로 말미암아 위태로워질 것입니다. 이런 사실을 깨닫고 거기에서 벗어나고자 한다면 곧바로 인색함[2]의 오명과 직면합니다. 이처럼 군주는 자신에게 피해가 가지 않게 하면서 사람들이 모르게 너그러움의 미덕을 발휘할 수 없습니다. 따라서 신중한 군주는 인색하다는 오명에 신경 쓰지 말아야 합니다. 인색하게 군 덕분에 수입이 충분하면 누가 전쟁을 걸어오더라도 스스로 방어할 수 있습니다. 그리고 민중에게 부담을 주지 않으면서 전쟁을 치를 만한 능력이 있다는 것을 보여줌으로써 시간이 흐를수록 점점 더 너그럽다는 평가를 받게 될 것입니다. 그리하여 아무것도 빼앗지 않는 사람들, 즉 무수히 많은 이들에게는 너그럽게 굴고, 아무것도 주지 않는 사람들, 즉 수가 적은 그들에게는 인색하게 굴 것입니다.

우리 시대에 위대한 일을 한 인물들은 대체로 인색하다고 여겨졌으며 그 외의 사람들은 스러진 것을 보았습니다. 율리우스 2세는 교황의 자리에 오르기 위해 너그럽다는 명성을 활용했는데, 이후 전쟁을 치를 때는 그 명성을 유지하려고 하지 않았습니다. 현재의 프랑스 왕*은 자기 신민에게 특별한 세금을 부과하지 않으면서도 수많은 전쟁을 벌였는데, 그의 오랜 인색함이 불필요한 지출을 막았기 때문입니다. 만약 현재의 스페인 왕**이 너그럽다는 평가를 받았다면 그 많은 전쟁에서 승리하지 못했을 것입니다. 그러므로 군주는 신민에게서 빼앗지 않으려면, 자신을 방어할 수 있으려면, 가난해지고 멸시당하지 않으려면, 어쩔 수 없이 약탈자가 되어야 합니다. 그리고 인색함의 오명과 직면하더라도 신경 쓰지 말아야 합니다. 왜냐하면 인색함이야말로 인간이 통치하게 해주는 악덕 가운데 하나이기 때문입니다.

카이사르는 너그러움으로 통치권을 장악했고,³ 다른 사람들도 너그러웠거나 그렇게 여겨졌기 때문에 높은 지위에 올라갔다고 누군가가 말한다면, 저는 이렇게 대답하겠습니다. "당신은 이미 군주가 되었거나, 아니면 장차 군주가 될 것인데, 전자의 경우라면 너그러움이 해롭고, 후자의 경우라면 사람들에게 너그럽다고 여겨지는 것이 필요합니다." 카이사르는 로마의 통치권을 장악하고 싶어 했던 사람 중 하나였지만, 만약 뜻을 이룬 뒤에도 소비를 절제하지 않았더라면 통치권을 잃었을 것입니다.

지극히 너그럽다고 여겨진 많은 군주가 군대를 이끌고 위대

-    루이 12세를 가리킨다.
- ••   페란도 2세를 가리키는데, 그도 인색하기로 유명했다.

〈암살당하는 카이사르〉(카를 폰 필로티, 1865년)

로마의 군인·정치가인 카이사르(기원전 100-44)는 크라수스·폼페이우스와 더불어 제1차 삼두 정치를 수립했고 시민에게 인기를 끌었다. 하지만 폼페이우스를 중심으로 한 원로 원파와 충돌했으며, 결국 카시우스, 브루투스 등에게 암살되었다

한 일들을 했다면서 누군가 반박한다면, 저는 이렇게 대답하겠습니다. 군주는 자신과 신민의 소유를 쓰거나, 아니면 다른 사람의 소유를 쓰는데, 전자의 경우라면 인색해야 하고, 후자의 경우라면 너그러움의 어떤 부분도 소홀히 하지 말아야 한다고 말입니다. 그리고 전리품과 약탈과 배상금으로 먹고사는 군대를 이끄는 군주는 다른 사람들의 소유를 가지고 너그럽게 굴 필요가 있습니다. 그렇지 않으면 병사들이 따르지 않기 때문입니다. 당신이나 신민의 것이 아

닌 재물은 너그럽게 베풀 수 있습니다. 키루스, 카이사르, 알렉산드로스가 그랬던 것처럼 말입니다. 다른 사람이 가진 것을 쓰면 당신의 명성을 빼앗지 않고 오히려 덧붙이지만, 오로지 당신이 가진 것만 쓰는 행위는 당신을 해치기 때문입니다. 너그러움처럼 자기 자신을 소비하는 것은 없으며, 따라서 당신은 가난해지고 멸시를 당하거나, 아니면 가난에서 벗어나기 위해 탐욕스럽고 가증한 인물이 됩니다. 군주는 특히 멸시당하고 증오받는 것을 경계해야 하는데, 너그러움은 그 두 가지 모두로 이끌어갑니다. 그러므로 인색하다는 평판을 받아 오명은 쓰되 증오를 받지 않는 것이 탐욕스러운 평판을 받아 오명을 입는 것은 물론 증오까지 직면하는 것보다 현명합니다.

17장

잔인함과 자비로움에 대하여 그리고 사랑받는 것은 두려움의 대상이 되는 것보다 나은가, 아니면 그 반대인가

앞에서 언급한 다른 자질들로 넘어가자면, 모든 군주는 잔인하지 않고 자비롭다는 평가를 받아야 하겠지만, 그럼에도 불구하고 잘 못된 방식으로 자비를 베풀지 않도록 주의해야 한다는 말씀을 드리고 싶습니다. 체사레 보르자는 잔인하다고 여겨졌습니다. 하지만 그는 잔인함 덕분에 로마냐 지방의 질서를 세우고 통일했으며, 그곳을 평화롭고 충성스럽게 만들었습니다. 그의 행동을 고려해보면 그가 피렌체인들보다 훨씬 자비로웠다는 사실을 알 수 있습니다. 피렌체인들은 잔인하다는 평판을 피하기 위해 피스토이아가 파괴되도록 놔두었기 때문입니다.[1] 그러므로 군주가 신민을 하나로 묶고 충성스럽게 유지하려면 잔인하다는 오명에 신경 쓰지 말아야 합니다. 약간의 본보기를 보여준다면, 지나친 자비로움 때문에 살

인이나 강탈이 난무하는 무질서를 방치한 사람들보다 훨씬 더 자비로워질 것입니다. 후자는 공동체 전체를 해치지만 극소수를 처벌하면 몇몇만 해치기 때문입니다. 그리고 군주들 사이에서 새 군주가 잔인하다는 오명을 뒤집어쓰는 일은 피할 수 없습니다. 새로 생긴 나라는 위험이 가득하기 때문입니다. 그래서 베르길리우스는 디도의 입을 빌어 이렇게 말했습니다.[2]

> 상황이 힘겹고 이 왕국은 새로 생긴 곳이기에 나는
> 그런 일을 했고, 경계선을 지키도록 강요했습니다.[3]

그렇지만 믿고 행동할 때 신중해야 하고, 자기 자신을 두려워하지 말아야 하고, 신중함과 인간애로 절제 있게 나아가야 합니다. 그래서 누군가를 지나치게 믿어 경솔해지지 말고, 과도하게 불신해서 아무도 견뎌낼 수 없는 사람이 되지 말아야 합니다.

여기에서 다음과 같은 논쟁이 발생합니다. 사랑받는 것이 두려움의 대상이 되는 것보다 더 나은가 아니면 그 반대인가. 둘 다 바람직하지만 동시에 그러기는 어렵습니다. 따라서 둘 중 하나가 없어야 한다면 사랑받는 것보다 두려움의 대상이 되는 것이 훨씬 안전합니다. 왜냐하면 사람들은 대체로 감사할 줄 모르고, 변덕스러우며, 위선적인 데다 위험을 피하려 하고, 탐욕스럽게 이익을 얻으려 하기 때문입니다. 그래서 당신이 혜택을 주는 동안에는 그들 모두 당신 편을 듭니다. 앞에서 말씀드린 것처럼 그럴 필요가 없을 때는 당신을 위해 피를 흘리며 당신에게 재산과 생명과 자식을 바치 겠다고 말하지만, 막상 일이 닥치면 등을 돌립니다. 그들의 말을 전 적으로 믿고 다른 준비를 하지 않은 군주는 몰락할 것입니다. 고귀 하고 위대한 정신에 의한 것이 아니라 대가를 주고 얻은 우정은, 사 들였지만 가지고 있는 것이 아니라서 적시에 사용할 수 없습니다. 그리고 사람들은 자신을 두려운 존재로 만드는 자보다 사랑받는 존재로 만드는 자를 해칠 때 덜 주저합니다. 왜냐하면 사랑은 의무 의 결속으로 유지되는데, 사람들은 사악하기 때문에 자기가 이익을 얻을 기회가 생기면 관계를 깨뜨릴 수 있지만, 두려움은 처벌에 대 한 공포로 유지되므로 절대 사라지지 않기 때문입니다.

군주가 만약 사랑을 얻지 못한다면, 증오를 피하면서 사람들이 자신을 두려워하도록 만들어야 합니다. 증오를 받지 않으면서 두려 움의 대상이 되는 일은 얼마든지 가능하기 때문입니다. 만약 군주 가 시민과 신민의 재산 그리고 부녀자들에게 손대지 않는다면 언 제든지 그렇게 할 수 있을 것입니다. 만약 누군가의 생명을 빼앗아 야⁴ 한다면 명백한 이유와 적절한 명분이 있을 때 실행해야 합니다. 특히 다른 사람의 재산을 욕심내면 안 됩니다. 왜냐하면 사람들은 재산을 잃은 것보다 아버지의 죽음을 더 빨리 잊기 때문입니다. 게 다가 재산을 빼앗을 명분은 언제라도 찾을 수 있고,⁵ 강탈로 시작한 사람은 언제나 다른 사람들의 소유를 빼앗을 명분을 찾습니다. 반 면에 생명을 빼앗을 명분은 드물고, 더 빨리 사라집니다.

군주가 군대와 함께 있으며 많은 병사를 통솔하고 있다면, 잔인하다는 평판에 대해 신경 쓰지 말아야 합니다. 잔인하다는 평판이 없으면 군대는 절대 단결 상태를 유지할 수 없으며 어떤 작전도 준비할 수 없기 때문입니다. 한니발[6]의 놀라운 행동 중에는 이런 것도 포함됩니다. 여러 민족으로 구성된 대군을 이끌고 낯선 땅에서 싸웠지만 운이 좋을 때든 나쁠 때든, 자신들 사이에서든 군주*에 대항해서든, 어떤 불화도 없었습니다. 이런 일은 오직 그의 비인간적 잔인함이 낳은 결과입니다. 병사들은 그의 잔인함과 그가 가진 여러 역량 때문에 항상 그를 존경하고 또 무서워했습니다. 만약 그가 잔인하지 않았다면 그는 다른 역량을 효과적으로 발휘하지 못했을 것입니다. 이런 점에 대해서 깊이 생각해보지 않은 작가들은 한편으로 그의 행동을 칭찬하면서도 다른 한편으로는 행동의 주된 원인을 비난합니다.

한니발의 다른 역량들로는 그런 일을 이루어내기에 충분하지 않았을 것이며, 이는 스키피오의 사례를 고찰해보면 알 수 있습니다. 그는 단지 자신의 시대뿐만 아니라 지금까지 알려진 모든 기억에서[7] 아주 탁월한 인물로 평가받았지만, 그의 군대는 스페인에서 반란을 일으켰습니다.[8] 그가 지나치게 자비로운 나머지 군사 규율을 유지하는 데 걸맞은 수준보다 더 큰 방종을 병사들에게 허용했기 때문입니다. 이 일로 파비우스 막시무스[9]는 원로원에서 그를 비

---

* 여기에서는 군대를 이끄는 사령관, 즉 한니발을 가리키는 것으로 볼 수 있다.

〈스키피오와 한니발의 만남〉(야코뷔스 바이스, 1796년)

제2차 포에니 전쟁을 종결한 싸움인 자마 전투(기원전 202년)를 앞두고 로마의 스키피오와 카르타고의 한니발이 회담하는 모습이다. 이때 한니발은 스키피오에게 당신은 운명의 썰물을 맛본 적이 없으며 오만에 차 있다고 충고했다. 전투에서 승리한 로마는 이일을 계기로 지중해 지역을 정복해나갔다.

군주론

난하며 로마 군대를 타락시킨 자라고 불렀지요. 그리고 로크리 사람들이 스키피오의 지방 총독에게 약탈을 당했는데도[10] 스키피오는 복수하지 않았고, 오만한 지방 총독에게 조처를 하지 않았습니다. 모든 사태는 그의 안이한 성격에서 비롯되었습니다. 원로원에서 누군가가 스키피오를 변호하면서 실수를 교정하는 것보다 실수를 하지 않는 데 능숙한 사람이라고 말했을 정도입니다. 만약 그런 식으로 명령권[11]을 유지했다면 시간이 흐르면서 스키피오의 명성과 영광은 훼손되었겠지만, 원로원의 통제 아래 살면서 그처럼 해로운 자질은 감추어졌을 뿐만 아니라 그에게 영광이 되었습니다.

그러므로 두려움의 대상이 되는 것과 사랑받는 것에 대한 논의로 돌아와 결론을 말씀드리자면, 사람은 자신의 의지에 따라 누군가를 사랑하고 군주의 의지에 따라 군주를 두려워하기 때문에, 현명한 군주라면 다른 사람의 선택이 아닌 자신의 선택을 토대로 삼아 행동해야 합니다. 다만 앞에서 말씀드린 것처럼 증오를 피하려고 노력해야 합니다.

18장

군주는 어떻게 신의를 지켜야 하는가

군주가 신의를 지키며 교활하지 않고 정직하게 사는 것이 얼마나
칭찬받을 만한 일인지는 모두 알고 있습니다. 그렇지만 이미 경험
한 것처럼 우리 시대에 위대한 일을 한 군주들은 신의를 별로 고려
하지 않았고, 교활하게 사람들을 속이는 법을 알고 있었으며, 결국
에는 충실함에 토대를 둔 군주들을 능가했습니다.

그러므로 싸움에는 두 가지 방식이 있음을 알아야 합니다. 하
나는 법으로 싸우는 것이고 다른 하나는 힘으로 싸우는 것입니다.
전자는 사람의 고유한 특성이고 후자는 짐승의 고유한 특성이지만
많은 경우 첫 번째 방식으로는 충분하지 않기 때문에 두 번째 방식
을 의존합니다. 따라서 군주는 짐승의 방법과 사람의 방법을 모두
적절하게 활용할 줄 알아야 합니다. 옛 작가들은 암암리에 이런 내

용을 군주들에게 교육했습니다. 그들은 아킬레우스를 비롯한 과거의 많은 군주가 켄타우로스족인 케이론[1]에게 맡겨졌고, 케이론이 그들을 돌보며 훈련했다고 기록했습니다. 절반은 짐승이요 절반은 사람인 자를 스승으로 삼았다는 사실은 군주가 두 가지 본성을 모두 갖춰야 하며 한쪽이 없으면 나머지 한쪽도 오래 지속될 수 없다는 것을 의미합니다.

그러니까 군주는 짐승의 방법[2]을 쓸 줄 알아야 하는데, 그중에서도 여우와 사자를 모방해야[3] 합니다. 사자는 덫으로부터 자신을 지키지 못하고 여우는 늑대 앞에서 꼼짝도 못 하기 때문입니다. 따라서 덫을 알려면 여우가 되어야 하고, 늑대를 쫓아내려면 사자가 되어야 합니다. 단순히 사자에 의존하는 사람들은 이런 사실을 이해하지 못합니다. 그러므로 신중한 군주[4]는 신의를 지키는 것이 자기에게 불리하거나 신의를 약속한 이유가 사라졌을 때, 신의를 지킬 수 없을뿐더러 지켜서도 안 됩니다. 만약 사람들이 모두 착하다면 이런 권고는 바람직하지 않을 테지만, 사람들은 사악할 뿐만 아니라 당신에게 신의를 지키지 않습니다. 따라서 당신도 그들에게 신의를 지키지 말아야 합니다. 군주에게는 신의를 지키지 못한 것을 둘러댈 합당한 이유가 있습니다. 이에 대해서는 근래의 숱한 예를 제시할 수 있고, 얼마나 많은 평화, 얼마나 많은 약속이 신의 없는 군주들 때문에 헛것이 되고 무효가 되었는지 증명할 수 있습니다. 또한 여우의 방법을 쓸 줄 알았던 사람이 더 큰 성공을 거두었습니다. 하지만 그런 성격을 잘 둘러댈[5] 줄 알아야 하며, 능숙한 사

케이론과 아킬레우스(작자 미상, 65-79년경)

이탈리아 폼페이 근처의 에르콜라노(라틴어로 헤르쿨라네움)에서 출토된 프레스코 벽화
다. 케이론이 어린 아킬레우스에게 악기 연주법을 가르치는 모습이다. 베수비오산 기슭
에 있었던 에르콜라노는 79년 화산 폭발로 폼페이와 함께 화산재에 묻혔다.

기꾼이자 위선자가 되어야 합니다. 사람들은 무척 단순하며 눈앞의 필요에 복종합니다. 따라서 속이는 사람은 언제나 속는 사람을 찾게 됩니다.

저는 최근에 일어난 한 가지 사례에 대해 침묵하고 싶지 않습니다. 알렉산데르 6세는 사람들을 속이는 것 외에 다른 일은 전혀 하지 않았고, 생각해본 적도 없었으며, 언제나 속일 수 있는 대상을 찾아냈습니다. 어떤 일을 그만큼 설득력 있게 단언하거나 강하게 맹세하면서 주장한 사람은 이제껏 아무도 없었습니다. 그는 약속을 지키지 않았습니다. 그런데도 언제나 자신이 의도한 대로* 남을 속이는 데 성공했습니다. 이는 그가 세상사의 이런 측면**을 잘 알았기 때문입니다.

그러므로 군주가 앞에서 말씀드린 모든 자질을 가져야 하는 것은 아니지만, 그런 자질을 가진 것처럼 보일 필요는 있습니다. 아니, 저는 감히 이렇게 말씀드리고 싶습니다. 그런 자질을 갖추고 유지하는 것은 해로우나 갖춘 것처럼 보이는 것, 그러니까 자비롭고 신의가 두텁고 인간적이고 정직하고 경건한 것처럼 보이면서 또 실제로 그러는 것이 유용하다고 말입니다. 하지만 그렇게 할 필요

• 원문인 라틴어 ad votum은 상당히 악의적이고 도발적인 표현이다. 고대 로마에서 votum은 신에게 하는 약속을 의미했다. 그러니까 신에게 바치는 엄숙한 약속 덕분에 교황의 속임수가 성공했다는 것을 암시한다.

•• 사람들 사이에서 그렇게 살아가는 특별한 기술을 암시한다.

가 없다면 당신은 태도를 정반대로 바꿔야 하며 그렇게 할 수 있도록 늘 마음의 준비를 해야 합니다. 그리고 군주는, 특히 새 군주는 착한 사람처럼 보이게 하는 모든 기준을 따를 수 없다는 점도 이해해야 합니다. 나라를 유지하려면 종종 신의와 반대로, 자비로움과 반대로, 인간애와 반대로, 경건함[6]과 반대로 행동해야 하기 때문입니다. 그러므로 군주는 행운의 변화와 바람의 방향이 명령하는 대로 돌아서도록 마음의 준비를 해야 합니다. 앞에서 말씀드렸듯이 할 수 있다면 선에서 떠나지 말아야 하지만, 필요하다면 악으로 들어갈 줄도 알아야 합니다.

그러니까 군주는 앞에서 열거한 다섯 가지 자질로 가득한 말이 아니라면 절대 입에 담아서는 안 됩니다. 그래서 그를 보고 그의 말을 들으면 참으로 자비롭고, 신의가 두텁고, 정직하고, 경건하게 보이도록 세심하게 주의를 기울여야 합니다. 특히 마지막 자질은 반드시 갖춘 것처럼 보여야 합니다.* 사람들은 보통 손보다는 눈으로 판단합니다. 보는 것은 모든 사람이 할 수 있지만 느낄 수 있는 사람은 소수에 불과하기 때문입니다. 모든 사람은 당신을 볼 수 있지만, 당신의 실제 모습은 소수만 느낄 수 있습니다. 그들은 자신들을 보호하는 국가의 위엄과 함께 있는 다수의 의견에 감히 반대하

• 원문의 통사 구조를 따르면 "이 마지막 자질보다 더 필수적으로 가진 것처럼 보여야 하는 것은 없습니다"라고 할 수 있다. 여기에서 마지막 자질은 '경건' 혹은 '종교'를 가리킨다.

지 못합니다. 그리고 모든 사람의 행위, 특히 법정에서 호소할 수 없는 군주들의 행위에 대해서는 결과를 보고 판단합니다.

그러므로 군주가 나라를 얻고 유지하면, 그의 수단은 언제나 명예롭다는 평가를 받고, 그는 모두에게 칭찬을 듣습니다. 왜냐하면 민중[7]은 겉으로 보이는 것과 일의 결과에 끌리기 때문입니다.* 그리고 세상 사람들의 다수가 민중이며 그들이 의지할 곳을 찾는다면 소수가 설 곳이 없습니다.[8] 이름을 거론하지 않는 것이 좋을 법한 오늘날의 어떤 군주**는 평화와 신의 말고 다른 것을 설교하지 않습니다. 하지만 그는 그 두 가지에 가장 적대적입니다. 만약 그가 둘 중 하나를 준수했다면 명성이나 나라를 여러 번 잃었을 것입니다.

- 소위 '마키아벨리즘'을 핵심적으로 요약해 금언처럼 간주되는 문장인 "결과가 수단을 정당화한다"가 여기에서 비롯되었다.
- 스페인 왕 페란도 2세를 가리킨다.

19장

경멸과 증오를 피하는 것에 대하여

앞에서 언급한 여러 자질 중 저는 가장 중요한 것들을 말씀드렸기 때문에, 다른 것들에 대해서는 다음과 같이 일반적인 내용을 간략하게 논의하려 합니다. 앞에서 부분적으로 말씀드린 것처럼 군주는 자신을 증오하거나 경멸하게 만드는 일을 피하겠다고 마음먹어야 합니다. 그런 일을 피한다면 언제든지 자신의 역할을 완수하게 될 것이며, 다른 오명을 쓰더라도 위험을 만나지 않을 것입니다. 제가 말씀드렸듯이, 무엇보다 신민의 재산과 부녀자를 강탈하는 행위는 사람들이 군주를 증오하도록 만들기 때문에 그런 일을 삼가야 합니다. 평범한 사람들은 재산이나 명예를 빼앗기지 않는 한 언제나 만족하며 살아갑니다. 따라서 군주는 오직 야심 있는 소수와 싸워야 하는데, 그런 사람들을 쉽게 제어할 수 있는 여러 가지 방법이 있습니다. 변덕스럽고, 경박하고, 여성스럽고, 소심하고, 우유부단하다고 여겨지면 군주는 경멸을 받습니다. 따라서 군주는 그런 일을 암초처럼 경계하면서 자신의 행동으로 위대함, 용기, 중후함, 강인함을 인정받도록 노력해야 합니다. 또한 신민들 사이에서 벌어진 사적 분쟁에 대해 판결을 내리면 이를 번복하지 말아야 하며, 자신의 평판을 유지함으로써 누구도 자신을 속이거나 기만할 엄두조차 내지 못하게 해야 합니다.

그런 평판을 얻은 군주는 큰 명성을 떨치게 됩니다. 자질이 탁월하며 신민에게 존경받는다고 인정되는 한, 명성이 높은 군주에 맞서 음모를 꾸미거나 그를 공격하기란 어렵습니다. 군주는 두 가지를 두려워해야 하는데, 하나는 내부적인 문제로 신민과 관련된 것이며 다른 하나는 외부적인 문제로 강대국들에 관한 것입니다. 후자에 대해서는 강한 군대와 믿을 만한 동맹들*로 방어할 수 있는데, 좋은 군대를 가지고 있으면 언제나 굳건한 동맹을 맺을 수 있습니다. 그리고 외부 상황이 안정되면 음모 때문에 혼란스러운 상황이 벌어지지 않는 한 내부에서도 별다른 문제가 없을 것입니다. 설령 외부에서 무언가 움직임이 있더라도,** 제가 말씀드린 것처럼 통치해왔고 또 포기하지 않는다면, 군주는 언제나 모든 충격을 견

---

* 　원문은 "친구들"이다.
** 　외부의 공격이나 위협이 있을 경우를 가리킨다.

녀낼 것입니다. 앞에서 언급한 스파르타의 나비스처럼 말입니다.[*]

　하지만 신민에 대해서는 외부에서 별다른 움직임이 없더라도 그들이 비밀리에 음모를 꾸미지 않도록 주의해야 합니다. 증오와 경멸을 피하고 사람들이 자신에게 만족하도록 관리한다면 군주는 자신을 안전하게 지킬 수 있습니다. 그러므로 앞에서 오랫동안 논의한 것처럼 이런 일을 반드시 실행해야 합니다. 군주가 음모를 대비하기 위해 갖추어야 할 가장 강력한 대책 중 하나는 많은 사람에게 증오를 받지 않는 것인데, 음모를 꾸미는 사람은 군주를 죽이면 민중이 만족할 것으로 생각하기 때문입니다. 하지만 민중의 화를 돋우리라 예상한다면, 용기가 없어 그런 결정을 내리지 못할 것입니다. 음모를 실행하려면 수많은 어려움을 극복해야 하기 때문입니다. 그리고 경험으로 알 수 있듯이, 지금껏 많은 사람이 음모를 꾸몄지만 그중 일부만 원하는 결과를 얻었습니다. 혼자서 실행할 수 없는 데다 불만을 품은 사람이 아니면 동반자로 삼을 수 없기 때문입니다. 불만분자에게 마음을 드러내는 일은 그가 만족할 만한 소재를 주는 것이나 다름없습니다. 당신의 음모를 고발하는 대가로 이익을 얻을 수 있기 때문입니다. 그러니까 이쪽 편에서는 확실한 이익을 기대할 수 있고 저쪽 편에서는 불확실하면서 위험으로 가득한 결과가 예상되더라도 당신에게 신의를 지키는 사람은, 둘

---

[*]　9장을 참조하라.

도 없는 친구이거나 아니면 군주에게 큰 원한을 품은 적일 것입니다. 간략하게 요약해서 말씀드리자면, 음모자는 두려움, 질투, 처벌을 걱정하지만 군주는 군주국의 권위, 법률, 동맹자들과 나라의 보호를 힘입어 자신을 지킬 수 있습니다. 그리고 그 모든 것에 민중의 호의가 덧붙여진다면, 누구도 무모하게 음모를 꾸밀 수 없습니다. 일반적으로 음모자는 범죄를 실행하기 전에 두려워하기 마련인데, 만약 민중을 적으로 만들었다면 뜻한 바를 이룬 뒤에도 두려워할 수밖에 없습니다. 어떤 도피처도 바랄 수 없기 때문입니다. 이 주제에 대해 수많은 예를 제시할 수 있지만, 저는 우리 아버지들의 기억에 남아 있는 한 가지로 만족하고 싶습니다. 안니발레의 선조이자 볼로냐의 군주였던 안니발레 벤티볼리오[1]는 그에게 반대하여 음모를 꾸민 칸네스키 일파에게 살해당했습니다. 그때 그의 아들 조반니는 아직 포대기에 싸인 아기였습니다. 그 사건 뒤 곧바로 민중이 일어나 칸네스키 일파를 모조리 처단했습니다. 벤티볼리오 가문이 민중에게 호의를 얻었기 때문입니다. 안니발레가 죽은 뒤 볼로냐에는 그 가문 출신으로 나라를 통치할 만한 사람이 없었습니다. 그러자 볼로냐 사람들은 대장장이의 아들로 알려진 벤티볼리오 가문 사람이 피렌체에 살고 있다는 소식을 들었습니다. 그들은 그를 데려와서 도시의 통치권을 주고 조반니가 성장하기 전까지 볼로냐를 다스리게 했습니다.

결론적으로 말씀드리자면, 민중이 군주에게 호의적이라면 군주는 누군가 음모를 꾸밀까 봐 염려하지 않아도 되지만, 만약 민중이 적의를 품고 군주를 증오한다면 군주는 매사에 모든 사람을 두려워해야 합니다. 그리고 잘 제도화된 국가와 현명한 군주는 온갖 노력을 기울여 귀족들에게 실망을 안겨주지 않으면서 민중을 만족시켰으며, 만족스러운 상태를 유지하려고 했습니다. 이것이 군주가 해야 할 가장 중요한 일 중 하나이기 때문입니다.

우리 시대에 질서가 잘 잡히고 원활하게 통치되는 왕국의 예로 프랑스를 들 수 있습니다. 프랑스에는 왕이 안전하고 자유롭게 지낼 수 있도록 토대가 되는 훌륭한 제도가 많은데 그중에서 첫 번째는 대단한 권위를 가진 고등법원[2]입니다. 프랑스를 정비한 왕[3]은 힘 있는 자들의 야심과 오만함을 익히 알고 있었습니다. 그래서 그들의 입에 재갈을 물리며 바로잡아야 한다고 판단했습니다. 다른 한편으로 민중은 귀족이 두려워서 증오한다는 것을 알고 그들을 보호하려고 했는데, 이런 조처가 왕의 특별한 배려로 보이지 않기를 바랐습니다. 민중에게 혜택을 주면 귀족의 불만을 살 수 있고 귀족에게 혜택을 주면 민중이 불만을 품을 수 있기 때문입니다. 그래서 왕이 부담 없이 귀족을 억제하며 민중에게 혜택을 줄 수 있도록 제삼의 심판자를 세웠던 것입니다. 이보다 신중하고 훌륭하면서 왕과 왕국의 안전에 굳건한 토대가 된 제도는 없었습니다. 여기에서 주목할 점을 찾아낼 수 있는데, 군주는 부담이 되는 일들을 다른 사람에게 넘기고, 혜택을 주는 일들은 자기가 직접 해야 한다는 것입니다. 다시 한번 결론적으로 말씀드리자면, 군주는 귀족들을 존중해야 하지만 민중에게 미움을 받아서는 안 됩니다.

몇몇 로마 황제들의 삶과 죽음을 고려해보면, 어떤 황제는 늘 탁월하게 살았고 정신적으로 위대한 역량을 보여주었는데도 통치권을 잃거나 부하들에게 암살당했습니다. 이런 사례는 앞에서 이야기한 저의 견해와 반대되는 것처럼 보일 수 있습니다. 그런 반박에 답하고자 저는 일부 황제의 자질을 논의하면서 그들이 파멸한 원인은 제가 추론한 것과 다르지 않음을 증명하고 싶습니다. 그러면서 당시의 행적을 읽어보는* 사람이 주목할 만한 사안을 고려할 것입니다. 그리고 철학자 마르쿠스부터 막시미누스까지 통치권을 계승한 황제들을⁴ 모두 거론하는 것으로 충분하기를 바랍니다. 그들은 마르쿠스, 그의 아들 콤모두스, 페르티낙스, 율리아누스, 세베루스, 그의 아들 안토니누스 카라칼라, 마크리누스, 헬리오가발루스, 알렉산데르 그리고 막시미누스입니다. 첫 번째로 주목할 점은, 다른 군주국의 군주들이 단지 귀족의 야심 및 민중의 오만함과 싸웠지만 로마 황제들은 세 번째 어려움이 있었다는 것입니다. 바로 군인들의 탐욕과 잔인함을 견디는 것이었습니다. 이 문제로 많은 황제가 파멸했습니다. 군인들과 민중을 동시에 만족시키기란 무척 어렵기 때문입니다. 평온을 바라는 민중은 온건한 군주를 사랑한 반면 군인들은 호전적인 성향의 오만하고 잔인하며 탐욕스러운 군주를 사랑했습니다. 군주가 민중을 그렇게 다루어야 자기들이 급료를

• 　역사책들을 통해서 확인한다는 뜻이다.

두 배로 받고, 탐욕스러우면서 잔인한 본성을 배출할 수 있기 때문입니다. 따라서 자신의 성격 또는 능력으로 군인들이나 민중을 억제할 만큼 커다란 명성을 갖지 못한 황제들은 언제나 몰락했습니다. 그리고 대부분의 황제들, 특히 새롭게 통치권을 얻은 황제들*은 그처럼 서로 다른 두 가지 기질의 특성을 알았기 때문에 군인들을 만족시키려고 노력하면서 민중에게 해를 끼치는 것에는 별로 신경을 쓰지 않았습니다. 그런 선택은 필연적인 면이 있었습니다. 군주는 누군가에게 증오를 받지 않을 수 없기 때문에, 무엇보다 대다수로부터 증오를 받지 않도록 노력해야 하며, 만약 그렇게 할 수 없다면 온갖 노력을 기울여서 더 강한 집단[5]의 증오를 피해야 합니다. 그러므로 새롭게 즉위해서 특별한 호의가 필요한 황제는 민중보다 오히려 군인들에게 의존했습니다. 이런 선택은 군주가 군인들에게 좋은 평판을 유지하는 방법을 알고 있는지에 따라 자기에게 유익할 수도 있고 아닐 수도 있었습니다.

위에서 말씀드린 이유로 마르쿠스, 페르티낙스, 알렉산데르는 모두 소박한 삶을 살았고, 정의를 사랑했고, 잔인함을 적대시했고, 인간적이면서 온화했는데도 마르쿠스를 제외하고는 모두 비참한 최후를 맞이했습니다. 마르쿠스 혼자만 명예롭게 살다가 죽었는데, 그는 세습으로 황제의 자리를 얻었기 때문에[6] 군인들에게나 민

---

* 세습된 권리에 의해서가 아니라 보통 사람에서 황제가 된 자들을 가리킨다.

중에게 인정받을 필요가 없었습니다. 게다가 그는 존경받을 만한 역량을 갖추고 있어서 살아가는 동안 두 집단 모두가 일정한 경계선을 넘지 않도록 통제했으며, 그들에게 증오나 경멸을 전혀 받지 않았습니다. 그렇지만 페르티낙스는 군인들의 뜻에 반해서 황제가 되었는데,[7] 콤모두스 치하에서 방종하게 사는 데 익숙했던 군인들은 페르티낙스가 자신들에게 절제 있는 삶을 요구하자 견딜 수 없었습니다. 그래서 페르티낙스는 미움을 받게 되었고, 게다가 늙었다는 이유로 경멸까지 덧붙여졌으며, 결국 통치 초기에 파멸했습니다. 여기에서 주목해야 할 점은 나쁜 일뿐만 아니라 좋은 일을 하는 과정에서도 증오를 받을 수 있다는 사실입니다. 따라서 제가 이미 말씀드린 것처럼 나라를 유지하고 싶은 군주는 종종 착하게 굴지 않도록 강요받기도 합니다. 민중이든 군인이든 아니면 귀족이든, 당신이 권력을 유지하는 데 필요하다고 판단하는 집단이 타락했을 때, 그들을 만족시키려면 그들의 기질을 따라야 합니다. 그럴 때는 선행을 베푸는 것이 도리어 당신에게 해로울 수 있습니다.

이제 알렉산데르[8]의 경우를 살펴보겠습니다. 그는 무척 착한 사람이었습니다. 또한 여러 가지 칭찬을 받고 있었는데 그중 하나는 그가 황제 자리에 있었던 14년 동안 아무도 재판 없이 죽지 않았다는 것입니다. 그런데도 그는 여자처럼 약하고 어머니에게 휘둘리는 사람으로 여겨졌기 때문에 경멸을 받았으며, 결국 군대가 음모를 꾸며서 그를 살해했습니다.

그와 반대되는 인물들인 콤모두스, 세베루스, 안토니누스 카라칼라, 막시미누스의 자질에 대하여 논의하자면, 그들은 무척 잔인하고 탐욕스러운 군주였습니다. 군인들을 만족시키기 위해서라면 민중을 모욕하는 일도 망설이지 않고 저질렀습니다. 그 결과 세베루스를 제외하고는 모두 슬픈 종말을 맞이했습니다. 세베루스는 수많은 역량을 갖춘 터라 군인들과 친구 관계를 유지하면서 민중을 억압했는데도 늘 행복하게 통치할 수 있었습니다. 그런 역량으로 그는 군인들이나 민중에게 무척 놀라운 인물이 되었습니다. 민중은 그를 보고 경탄한 나머지 어리둥절할 지경이었으며, 군인들은 그에게 만족하고 그를 존경했습니다. 그의 행동은 탁월하면서도 새 군주라면 주목할 만했기 때문에 저는 그가 여우와 사자의 성격, 즉 제가 앞에서 말씀드린 군주가 모방해야 하는 성격을 얼마나 잘 활용했는지 간략하게 증명하고 싶습니다.

율리아누스 황제의 나태함을 잘 알고 있었던 세베루스는 스키아보니아[9]에서 자신이 사령관으로 있던 군대를 설득했습니다. 호위병들에게 살해당한 페르티낙스의 복수를 하기 위해 자신이 로마로 가는 것이 좋겠다는 내용이었습니다. 그런 명분으로 황제권의 야심을 드러내지 않고 로마를 향해 군대를 움직였으며, 자신의 출발 소식이 알려지기도 전에 이탈리아에 도착했습니다. 그가 로마에 도착하자 겁에 질린 원로원은 그를 황제로 선출했고 율리아누스는 죽임을 당했습니다.[10] 이렇게 시작해서 나라 전체의 주인이 되고자 했던 세베루스는 두 가지 어려움에 봉착했습니다. 하나는 아시아에서 그곳 군대의 우두머리 니게르[11]가 황제로 자처한 일이며, 다른 하나는 서쪽의 알비누스[12]가 황제권을 열망한 것이었습니다. 세베루스는 두 사람 모두의 적이 되는 것이 위험하다고 판단해서 니게르를 공격하고 알비누스를 속이기로 결정했습니다. 그는 알비누스에게 쓴 편지에서 원로원이 자신을 황제로 선출했으니 권위를 함께 나누자고 했습니다. 또한 그에게 카이사르*의 칭호를 보내면서 원로원의 결정에 따라 그를 자신의 동료로 추대한다고 했으며, 알비누스는 그 말을 진실로 받아들였습니다. 하지만 니게르를 격파하여 죽이고 동방 지역을 평정한 뒤 로마로 돌아온 세베루스는, 원로원에서 알비누스가 자신에게 받은 혜택을 잘 알지도 못하고 고의로 자신을 죽이려 했기 때문에 배은망덕한 그를 처벌해야 한다고 비난했습니다. 그런 다음 프랑스**로 가서 그의 나라와 생명을 빼앗았습니다. 그러므로 그의 행동을 상세히 검토해본 사람은 그가 무척 사나운 사자요 몹시 교활한 여우라는 사실을 발견할 것입니다. 또한 모든 사람이 그를 두려워하고 존경했으며, 그가 군대의 증오를 사지 않았다는 사실도 알게 될 것입니다. 따라서 새로운 인물인 그가 그렇게 강한 통치권을 가졌다는 사실은 그리 놀랄 만한 일이 아닙니다. 그의 위대한 명성이 강탈 행위로 말미암아 민중에게 증

---

* 율리우스 카이사르는 공식적으로는 황제가 되지 못했지만, 그의 이름은 황제를 뜻하는 보통명사로 사용되었다. 카이사르의 양아들로 초대 황제가 된 옥타비아누스에게 부여된 칭호 아우구스투스도 같은 뜻의 보통명사로 사용되었다.

** 갈리아 지방을 가리킨다.

오를 받지 않도록 언제나 그를 보호해주었기 때문입니다.

그의 아들 안토니누스[13] 역시 민중이 놀라고 군인들은 고마워할 만큼 대단한 자질을 가졌습니다. 그는 호전적이면서 어떤 고난도 견딜 수 있을 만큼 강인한 사람이었습니다. 음식이든 다른 무엇이든 부드럽고 섬세한 것이라면 모조리 경멸했으며, 그런 이유로 모든 병사에게 사랑을 받았습니다. 하지만 전례가 없을 만큼 난폭하고 잔인했기 때문에 수많은 사람을 죽인 뒤 로마 주민 상당수와 알렉산드리아 주민 모두를 살해했습니다. 그 결과 온 세상이 그를 증오했고 주위에 있던 사람들도 두려워하기 시작했으며, 급기야 자기 군대 한가운데에서 어느 백인대장(百人隊長)*에게 살해당했습니다. 이 사례에서 주목할 점은 누군가 심사숙고하고 집요한 방식으로 일을 저지를 때 군주는 죽음을 피할 수 없다는 사실입니다. 죽음을 두려워하지 않는 사람이라면 누구든지 그를 죽일 수 있기 때문입니다. 하지만 그런 일은 무척 드물어서 군주는 별로 걱정하지 않아도 됩니다. 다만 자신의 통치권[14]이 유지되도록 주변에서 보좌하는 사람들이나 자신이 부리는 사람들 중 누군가에게 안토니누스가 그랬던 것처럼 심한 모욕을 주지 않도록 주의해야 합니다. 안토니누스는 백인대장의 형제를 치욕적인 방식으로 죽였고 날마다 그를 협박했습니다. 그러면서도 자기 신변을 지키는 호위대로 데리고 있

• 로마 군대의 조직 가운데 100명으로 조직된 단위 부대의 우두머리를 말한다.

었는데, 이는 파멸을 자초할 만큼 무모한 결정이었으며 실제로 그렇게 되었습니다.

콤모두스[15]의 사례로 가보겠습니다. 마르쿠스 아우렐리우스의 아들인 그는 통치권을 세습했기 때문에 권력을 유지하기가 무척 쉬웠습니다. 단지 아버지의 발자취를 따르는 것으로 충분했으며, 그렇게 했다면 군인들과 민중을 만족시킬 수 있었을 것입니다. 하지만 잔인하고 짐승 같은 기질을 가진 그는 민중을 착취해서 자신의 탐욕을 채우고자 군인들을 잘 대우하고 그들이 방종에 빠지도록 내버려두었습니다. 다른 한편으로는 자신의 권위를 고려하지 않고 종종 원형극장으로 내려가 검투사들과 싸웠으며, 황제의 위엄에 어울리지 않게 천박한 일들을 저질러서 군인들에게 경멸을 받았습니다. 이처럼 한편으로는 증오를 받고 다른 한편으로는 경멸을 받은 그는 결국 음모에 말려들어 죽었습니다.

이제 막시미누스[16]의 자질을 서술하는 일이 남아 있습니다. 그는 아주 호전적인 사람이었는데, 앞에서 말씀드렸듯이 알렉산데르의 유약함을 싫어했던 군인들은 그가 죽은 뒤 막시미누스를 황제로 선출했습니다. 하지만 그의 통치는 길지 않았습니다. 두 가지 이유로 증오와 경멸을 받았기 때문입니다. 하나는 그가 비천한 신분이라는 점입니다. 그는 트라케[17]에서 양을 돌보던 사람이었습니다. (모두에게 잘 알려진 사실이며, 그의 권위를 떨어뜨리는 이유가 되었습니다.) 다른 하나는 통치 초기에 로마로 가서 황제의 자리에 오르는 일을 연기했고, 또 그의 지방 장관들이 로마와 제국의 여러 곳에서 잔인한 행위를 저지르다 보니 그도 잔인하다는 평판을 받은 것이 었습니다. 그리하여 세상은 그의 천한 혈통을 경멸하고 그의 난폭함이 두려워 그를 미워했습니다. 먼저 아프리카가 반발했고, 이어서 로마의 모든 민중과 원로원이 반발했으며, 이탈리아 전체가 음모를 꾸몄습니다. 여기에 더해 군대조차 반대편에 가담했습니다. 당시 아퀼레이아[18]를 포위하고 있던 군대는 그곳을 공략하는 데 어려움을 겪었고, 막시미누스의 잔인함에 넌더리가 난 상태였습니다. 그래서 많은 사람이 그를 적으로 돌리고 두려워하지 않는 것을 보자 결국 그를 죽였습니다.

철저히 경멸을 당해서 곧바로 사라진 헬리오가발루스, 마크리누스, 율리아누스에 대해서는 논의할 필요가 없으니 곧바로 결론을 내리겠습니다. 우리 시대의 군주들은 통치권을 유지하기 위해 군인들을 특별히 만족시켜야 하는 어려움을 거의 겪지 않습니다. 물론 군인들을 고려해야 할 필요는 있지만 군주들 중 누구도 로마 제국의 군대가 그랬던 것처럼 지역의 관리와 통치에 군대가 깊이 관여하도록 허용하지 않습니다. 로마 제국에서 민중보다 군인을 만족시켜야 했던 이유는 그들의 힘이 더 강했기 때문입니다. 지금은 튀르크와 이집트의 술탄[19]을 제외하면 군주가 군인보다 민중을 만족시켜야 합니다. 민중이 군인보다 강력하기 때문입니다. 제가 튀르크 술탄을 제외한 이유는 그가 늘 자기 주변에 보병 1만 2천 명과 기병 1만 5천 명을 거느리고 있으며, 왕국의 안전과 국력을 그들에게 의존하기 때문입니다.[20] 따라서 그는 다른 사람을 배려하기에 앞

군주론

서 그들을 우호적으로 대해야 합니다. 그와 비슷하게 이집트 술탄의 왕국은 완전히 군인들의 손에 있으므로, 그도 민중을 배려하기보다는 군인들과 우호적인 관계를 맺어야 합니다. 또한 이집트 술탄의 왕국은 다른 군주국과 차이가 있습니다. 그 나라는 세습 군주국이라 부를 수도 없고, 새 군주국이라 부를 수도 없는 그리스도교 교황령과 비슷합니다. 나이 많은 군주의 아들이 세습 후계자요 주인이 되는 것이 아니라, 권한을 가진 사람들이 군주를 선출하기 때문입니다. 이는 오래된 제도이므로 새 군주국이라 부를 수도 없는데, 그곳에서는 새 군주국에서 나타나는 어려움이 전혀 없기 때문입니다. 군주가 새 인물일지라도 나라의 제도가 오래되었기 때문에 그는 마치 세습 군주처럼 받아들여질 수 있습니다.

우리가 논하는 주제로 돌아가겠습니다. 지금까지 다룬 내용을 고려해보면, 앞에서 언급된 황제들이 몰락한 주요 원인은 증오나 경멸이었다는 것을 알 수 있습니다. 또 그들 중 누구는 이렇게 하고 누구는 저렇게 했는데, 어떤 경우든 일부는 행복한 결말을 맞이했고 일부는 불행해졌습니다. 페르티낙스와 알렉산데르는 새 군주였기에, 세습 권리로 통치권을 가진 마르쿠스 아우렐리우스를 모방하려고 한 것이 도리어 무익하고 해로웠습니다. 마찬가지로 카라칼라, 콤모두스, 막시미누스는 세베루스의 발자취를 따를 만큼 충분한 역량이 없었기에, 그를 모방한 행위가 치명적인 결과를 낳았습니다. 그러므로 새로 생긴 군주국에서 군주의 자리에 오른 사람은 마르쿠스 아우렐리우스의 행동을 뒤따를 수 없고, 또 세베루스의 행동을 뒤따를 필요도 없습니다. 그보다는 세베루스에게서 나라를 세우는 데 필요한 부분을 찾아 모방하고, 마르쿠스 아우렐리우스에게서는 이미 설립되고 확고한 나라를 유지하는 데 적합하고 영광스러운 조처가 무엇인지 배워야 합니다.

20장

요새를 구축하는 일과 군주가 매일 하는 많은 일은
유익한가 아니면 무익한가

나라를 안전하게 유지하기 위해서 어떤 군주는 신민들의 무장을 해제했고, 어떤 군주는 자신에게 속한 도시들을 분열 상태로 유지했고, 어떤 군주는 자신에게 적의를 품도록 부추겼고, 어떤 군주는 정권을 잡았던 초기에 의심이 가는 사람들의 호감을 얻으려고 노력했고, 어떤 군주는 요새를 구축했으며, 어떤 군주는 요새를 무너뜨리고 파괴했습니다. 그와 비슷한 결정을 해야 하는 나라들의 구체적인 상황을 고려하지 않고는 이 모든 일에 대해 정확한 판단을 내리기 어렵지만, 그래도 저는 이 주제 자체가 허용하는 보편적인 방식으로 논의하겠습니다.

　새 군주가 신민들의 무장을 해제한 경우는 전혀 없었습니다. 오히려 신민들이 무장하고 있지 않으면 그들에게 무기를 주었습니다. 무장한 세력은 고스란히 당신의 소유가 되기 때문입니다. 그렇게 했을 때 미심쩍었던 사람들은 당신에게 충성할 것이며, 원래 충성하던 사람들은 그 상태를 유지할 것이고, 신민들은 당신의 지지자가 될 것입니다. 모든 신민에게 무기를 줄 수는 없으므로, 당신이 무장시킨 사람들에게 혜택을 주면 자신을 더욱 안전하게 지킬 수 있습니다. 특별 대우를 받은 사람들은 당신에게 좀 더 강한 의무감을 가질 것이며, 다른 사람들은 더 큰 위험과 의무를 짊어진 그들이 더 많은 혜택을 받는 것은 당연하다고 인정하면서 당신을 이해할 것입니다. 하지만 신민들의 무장을 해제하면 그들은 마음이 상할 것입니다. 또한 당신이 소심하거나 의심이 많아서 그들을 믿지 않는다는 사실을 드러내는 셈이 됩니다. 그런 평판은 어떤 경우에든 당신에게 증오를 품도록 만듭니다. 그리고 당신은 무장하지 않은 채로 지낼 수 없기 때문에 용병 군대에 의존할 수밖에 없는데, 그들의 속성은 앞에서 말씀드린 대로입니다.* 아무리 뛰어난 용병이라고 해도 강력한 적이나 의심이 많은 신민들로부터 당신을 보호해 줄 수는 없습니다. 그러므로 앞서 말씀드린 것처럼 새 군주는 새 군주국에서 언제나 군대를 조직했습니다. 역사에는 그런 사례가 가득합니다. 하지만 군주가 새로 얻은 나라를 자신이 통치하는 나라의 일부로 덧붙인다면, 그 나라를 얻을 때 군주를 지지했던 사람들을

---

* 12장을 참조하라.

제외한 나머지의 무장을 해제해야 합니다. 또한 시간이 흘러 기회가 생기면 지지자들의 세력도 약화시켜 순종적으로 만들어야 합니다. 그리고 나라의 모든 무력이 원래부터 당신과 함께해온 군인들에게 집중되도록 조직해야 합니다.

우리 선조들 중에서 현명하다고 여겨졌던 사람들이 말하기를, 피스토이아는 파벌로 유지하고 피사는 요새로 유지할 필요가 있었다고[1] 했습니다. 이에 따라 복속한 도시를 좀 더 쉽게 장악하기 위해서 차별을 부추겼지요. 이탈리아가 어떻게든 균형을 유지하던 시절에는[2] 그런 방식이 잘 통했겠지만, 오늘날에는 권할 만하지 않습니다. 분열 정책은 아무런 효과가 없다고 생각하기 때문입니다. 오히려 적이 다가오면 분열된 도시는 반드시 무너지는데, 약한 파벌은 외부 세력과 연합하려 하고, 다른 파벌은 지탱할 수 없기 때문입니다. 앞에서 설명한 이유로 베네치아 사람들은 종속된 도시들에서 겔프당과 기벨린당[3]을 부추겼습니다. 유혈 사태에 이르도록 허용한 것은 아니지만 그래도 두 당파 사이에 분열을 조장함으로써, 시민이 그 문제에 몰두하느라 자신들에게 대항할 목적으로 단결하지 못하게 만들었습니다. 앞에서 보았듯이 훗날 그 일은 의도대로 되지 않았는데, 바일라에서 패배하자[•] 곧바로 그들 중 일부가 과감하게 들고일어나 베네치아인들의 손에서 모든 지역을 빼앗은 것입니

•   바일라, 즉 아냐델로 전투에 대해서는 12장을 참조하라.

다. 따라서 그런 방법을 쓴다는 것은 군주가 유약하다는 증거입니다. 강력한 군주국에서는 그렇게 분열되는 것을 절대 허용하지 않습니다. 평화로운 시기에는 분열을 통해 신민들을 쉽게 다룰 수 있어서 유익하지만, 전쟁이 닥치면 정책 자체의 오류가 드러나기 때문입니다.

군주가 자기에게 닥친 저항과 어려움을 극복할 때 위대해진다는 것은 자명한 이치입니다. 그런 이유로 행운은 특히 세습 군주보다 더 큰 명성을 얻어야 하는 새 군주를 위대하게 만들어주고 싶을 때, 적을 등장시켜 그를 공격하게 만듭니다. 군주는 그 상황을 극복하고 적을 사다리 삼아 더 높이 올라갈 수 있습니다. 그러므로 현명한 군주는 기회가 있을 때 교활한 방법으로 자신의 적대 세력을 만들고, 위기를 극복함으로써 자신을 좀 더 위대하게 만들어야 한다고 생각하는 사람이 많습니다.

군주들, 특히[4] 새 군주들은 나라를 세운 초기에 신임했던 사람들보다 의심스럽게 여겼던 사람들이 더 믿을 만하고 유용하다는 사실을 발견했습니다. 시에나의 군주 판돌포 페트루치[5]는 다른 누구보다도 의심스러워했던 사람들을 더 많이 이용해서 나라를 통치했습니다. 하지만 이런 일을 일반화해서 말할 수는 없으니, 상황에 따라 다르기 때문입니다. 다만 군주는 군주국 초기에는 적이었는데 자신을 지키기 위해서 누군가에게 의존해야 하는 사람들을 언제나 아주 쉽게 자기편으로 만들 수 있다고 말씀드리겠습니다. 그들은 가장 충실한 자세로 군주에게 봉사할 수밖에 없습니다. 자신들의 나쁜 인상을 행동으로 지워야 한다는 점을 잘 알기 때문입니다. 따라서 군주에게는 지나치게 안심하면서 자기 일을 게으르게 하는 자들보다 그런 사람들이 훨씬 더 유용합니다.

지금 다루는 주제에 맞게, 저는 내부의 호의를 힘입어 새 나라를 얻은 군주들에게 상기시키고 싶은 점이 있습니다. 자신에게 호의를 베푼 사람들이 어떤 이유로 그렇게 했는지 고찰해보라는 것입니다. 만약 자신에 대해 자연스럽게 애정을 품은 것이 아니라 단지 그 나라에 만족하지 못해서 그런 행동을 했다면, 그들을 계속 친구로 두기란 무척 어렵고 힘들 것입니다. 새 군주도 그들을 만족시킬 수 없기 때문입니다. 옛날과 근래의 역사에서 사례를 끌어내어 이유를 곰곰이 고려해보면, 이전의 나라에 만족하지 못했기 때문에 자신의 친구가 되어 나라를 점령할 때 호의를 베푼 사람들보다 이전 나라에 만족해서 자신에게 적대적이던 사람들을 친구로 만드는 편이 훨씬 더 쉽다는 것을 알 수 있습니다.

군주는 자신에게 맞서 음모를 꾸미는 사람들에게 재갈이자 고삐가 되는 요새를 구축해 나라를 더욱 안전하게 유지하고, 갑작스러운 공격에 대비할 수 있도록 안전한 피난처를 확보하는 것이 관례였습니다. 이는 예로부터[6] 해온 일이며 저는 그 방법을 높이 평가합니다. 그런데 우리 시대에 니콜로 비텔리[7]는 나라를 유지하려는 목적으로 치타디카스텔로의 요새 두 곳을 파괴했습니다. 우르비노 공작인 구이도발도[8]는 체사레 보르자에게 쫓겨났다가 자신이 통치하던 지역으로 돌아온 뒤 그곳의 모든 요새를 토대부터[9] 허물어버렸습니다. 요새를 없애면 나라를 다시 잃지 않을 것이라고[10] 판단했기 때문입니다. 볼로냐에 돌아온 벤티볼리오 가문도 비슷하게 조처했습니다.[11] 그러니까 상황에 따라 요새는 유용하거나 유용하지 않습니다. 때로는 당신에게 도움을 주지만 때로는 해를 끼칩니다. 이 내용은 다음과 같이 말할 수 있습니다. 외국인들보다 민중을 더 두려워하는 군주는 요새를 세워야 하지만 민중보다 외국인들을 더 두려워하는 군주는 그렇게 하지 말아야 합니다. 스포르차 가문에게는 프란체스코 스포르차가 세운 밀라노의 성[12]이 나라의 어떤 혼란보다 더 많은 분쟁거리가 되었고 또 앞으로도 그럴 것입니다. 가장 훌륭한 요새는 민중의 증오를 받지 않는 것입니다. 당신이 요새를 갖고 있더라도 민중이 당신을 증오한다면 요새가 당신을 구해주지 못하기 때문이며, 민중이 일단 무기를 들면 그들을 도와줄 외국인들이 언제나 존재하기 때문입니다. 우리 시대에 요새는 어떤 군주에게도 도움을 준 적이 없는데, 예외가 있다면 포를리 백작 부인[13]의 사례입니다. 그녀는 남편 지롤라모 백작이 죽었을 때 요새 덕분에 민중의 공격을 피하고, 밀라노의 도움을 기다렸다가 나라를 되찾을 수 있었습니다. 당시에는 외국인들이 민중을 도와줄 만한 상황이 아니었습니다. 하지만 나중에는 요새가 그녀에게 별로 도움이 되지 않았으니, 체사레 보르자가 공격했고 그녀의 적인 민중이 외국인들과 연합했기 때문입니다. 그러므로 그때나 그전이나 그녀에게는 요새를 갖는 것보다 민중의 증오를 받지 않는 편이 더 안전했을 것입니다. 이 모든 일을 고려해볼 때, 저는 요새를 세우는 군주와 세우지 않는 군주를 모두 칭찬할 것이며, 요새를 믿고 민중에게 증오의 대상이 되는 문제를 가볍게 생각하는 군주라면 누구라도 비난할 것입니다.

21장

군주가 탁월하다는 평가를 받으려면
어떻게 해야 하는가

위대한 업적을 이루고 자신의 탁월함을 보여주는 일만큼 군주에게 높은 평가를 가져다주는 것은 없습니다. 우리 시대에는 사례는 스페인 왕인 아라곤의 페란도[1]가 있습니다. 그는 거의 새 군주라고 부를 수 있는데, 약한 왕으로 시작해서 명성과 영광을 얻으며 그리스도인들의 최고 왕이 되었기 때문입니다. 그의 행동을 고찰해보면 하나하나가 전부 위대하고 일부는 비범하다는 사실을 발견할 것입니다. 그는 통치 초기에 그라나다를 공격했고,[2] 그때 거둔 위업은 나라의 토대가 되었습니다. 그는 누군가에게 방해받을 걱정 없이 여유롭게[3] 전쟁을 시작했으며, 카스티야[4] 제후들의 주의를 전쟁으로 돌렸으니, 그들은 전쟁과 관련된 문제에 몰두하느라 개혁은 엄두도 내지 못했습니다. 그러는 동안 그는 명성을 얻었고, 귀족들이 알아채기 전에 그들에 대한 통치권을 장악했습니다. 그는 교회와 민중의 돈으로* 군대를 육성했고, 기나긴 전쟁을 치르는 동안 군대의 토대를 세웠으며, 그렇게 조직된 군대는 훗날 그에게 영광을 안겨주었습니다. 그 외에도 더 위대한 과업에 착수할 수 있도록 항상 종교를 이용해 경건한 잔인함**을 지향했습니다. 그는 자기 왕국에서 마라노***들을 쫓아내고 약탈했는데, 그보다 비참하고 특이한 사례는 없을 것입니다. 그는 똑같은 구실을 내세워 아프리카를 공격했고, 이탈리아에서 전쟁을 벌였으며, 마지막으로 프랑스를 공격했습니다.⁵ 이처럼 그는 늘 위대한 일을 계획하고 실행했으며, 그 때문에 신민들은 언제나 놀라워하는 마음으로 긴장을 풀지 못했고, 사태의 귀추를 주목할 수밖에 없었습니다. 그리고 그런 일들이 한 사건과 다른 사건 사이에 틈이 없을 정도로 연달아 이어지면서 사람들은 그에게 맞서 일을 꾸밀 여유가 전혀 없었습니다.

군주는 내부를 통치할 때도 자기 자신에 대해 보기 드문 사례를 보여주는 것이 유용합니다. 밀라노 사람 베르나보⁶가 그랬던 것

• 페란도 2세의 그라나다 공격은 십자군 전쟁의 성격을 띠게 되었고, 덕분에 교황청의 자금 지원을 받았다.

•• 경건함, 즉 종교를 구실로 잔인한 일들을 저질렀다는 뜻이다.

••• 마라노(marrano)는 스페인어로 '돼지'를 뜻하며, 이베리아반도에서 그리스도교로 개종한 유대인이나 이슬람 신자를 비하해 부르는 용어로 사용되었다. 그라나다를 정복한 페란도 2세는 1501-1502년 상당수의 마라노들을 쫓아냈는데, 이 일은 경제적으로나 사회적으로 스페인에 커다란 영향을 주었다.

처럼 말입니다. 그는 좋은 일이든 나쁜 일이든, 시민 생활에서 무언가 특별한 일을 해낸 사람이 있으면, 그에 관한 이야기가 오랫동안 사람들의 입에 오르내리도록 보상을 하거나 처벌했습니다. 무엇보다 군주는 자기의 모든 행동을 통해서 탁월한 재능을 가진 위대한 인물이라는 명성을 얻도록 노력해야 합니다.

그리고 군주는 누군가에게 진정한 친구이거나 진정한 적이 될 때, 말하자면 다른 군주에 대항하는 어느 군주를 지지한다고 밝힐 때 높은 평가를 받습니다. 그런 결정은 중립으로 남아 있는 것보다 언제나 유익합니다. 만약 당신의 이웃인 두 강대국이 싸우게 되어 둘 중 하나가 승리하면, 당신은 승리자를 두려워해야 하거나 그렇지 않은 처지가 되기 때문입니다. 둘 중 어떤 경우든, 당신이 누구 편인지 밝히고 당당하게 싸우는 편이 언제나 더 낫습니다. 첫 번째 경우● 만약 당신의 입장을 밝히지 않는다면, 당신은 승리자의 전리품이 될 것이고, 그 사실은 패배한 자에게 기쁨과 만족감을 줄 것이며, 당신은 보호를 받지도 피난처를 얻지도 못할 것입니다. 승리자는 자기가 역경에 처했을 때 도와주지 않았던 미심쩍은 친구를 가까이하지 않을 것이며, 패배자는 손에 무기를 들고 자신의 운명을 향해 달려가려 하지 않았던 당신에게 피난처를 제공하지 않을 것이기 때문입니다.

● 승리자를 두려워해야 하는 경우다.

안티오코스[*]는 아이톨리아인의 요청을 받아 로마인을 쫓아내려고 그리스로 들어갔습니다. 안티오코스는 로마의 우방이었던 아카이아에 사절을 보내서 중립을 지키라고 촉구했으며, 로마도 자기들을 위해 무기를 들라고 아카이아를 설득했습니다. 이 문제는 아카이아인의 평의회에서 논의되었는데, 거기에서 안티오코스의 사절이 중립을 지키도록 그들을 설득하자 로마 사절이 말했습니다. "그들은 당신들이 전생에 개입하지 않는 게 가장 좋다고 말하지만, 그보다 당신들의 이익에 반하는 것은 없습니다. 당신들은 감사하다는 말을 듣지도 못하고 명예를 얻지도 못하며 결국 승리자의 전리품이 될 것입니다."[7] 또한 친구가 아닌 자는 언제나 당신들에게 중립을 요구할 것이며, 친구는 무기를 들어 입장을 밝히라고 요구할 것입니다. 단호하지 못한 군주는 눈앞의 위험을 피하려고 중립의 길로 가지만 그들 대부분은 결국 파멸합니다.

군주가 강력하게 한쪽을 지지한다고 밝힐 때 만약 당신이 지지하는 자가 승리한다면, 비록 그의 세력이 강해져서 당신이 그의 재량에 맡겨지더라도 그는 당신에게 의무감을 느끼게 되며 이를 토대로 우호 관계가 체결됩니다. 그리고 사람들은 도가 넘도록 배은망덕하게 행동하면서 당신을 억압할 만큼 파렴치하지 않습니다. 게다가 승리자가 정의를 전혀 존중하지 않아도 될 만큼 결정적인

● 셀레우코스 제국의 안티오코스 3세를 가리킨다(3장 참조).

승리는 없습니다. 당신이 지지하는 자가 패하더라도 그는 당신에게 피난처를 제공하고 가능한 한 당신을 도울 것이며, 당신이 다시 일어날 수 있도록 행운의 동반자가 되어줄 것입니다.

　두 번째의 경우, 즉 당신이 승리자를 두려워하지 않아도 될 정도의 군주들이 서로 싸울 때, 승리자를 지지하는 일은 훨씬 더 신중한 처사라고 할 수 있습니다.[8] 당신이 누군가의 도움을 받아 한쪽을 파멸시키는 것이기 때문입니다. 만약 승리자가 현명했다면 상대방을 그대로 놔두었을 것입니다. 당신의 도움 없이는 승리를 거둘 수 없었기 때문에, 승리자의 운명은 당신의 재량에 맡겨집니다.[9] 여기에서 주목할 점은, 다른 군주를 공격하기 위해 자신보다 강한 군주와 동맹을 맺지 않도록 조심해야 한다는 것입니다. 앞에서 말씀드린 대로 필요에 따라 강요된 경우가 아니라면 말입니다. 왜냐하면 승리하더라도 그의 포로 신세가 되기 때문입니다. 군주는 자신이 다른 군주의 재량에 맡겨지는 상황을 가능한 한 피해야 합니다. 베네치아인들은 밀라노 공작을 공격하려고 프랑스와 손을 잡았는데, 그들은 동맹을 맺지 않고 피할 수 있었습니다.* 결국 그들은 이 동맹 때문에 몰락하고 말았습니다. 하지만 교황과 스페인이 군대를 이끌고 롬바르디아를 공격하러 갔을 때 피렌체인들이 맞닥뜨린 것처럼[10] 피할 수 없는 상황이라면, 군주는 위에서 말씀드린 이유

---

* 　3장을 참조하라.

로 전쟁에 개입해야 합니다. 어떤 나라도 자기들이 안전한 선택을 할 수 있다고 믿어서는 안 됩니다. 오히려 의심스러운 결정을 해야 한다고 생각하길 바랍니다. 하나의 불편을 피하려고 노력할 때 다른 불편과 전혀 마주하지 않을 수 없는 것은 만물의 이치입니다. 하지만 신중함은 불편한 것들의 특성을 알고, 덜 나쁜 것을 선택할 줄 아는 데 있습니다.

군수는 재능 있는 사람들을 환대함으로써 자신이 재능[11]을 사랑한다는 점을 보여주고, 탁월한 예술가들을 존중해야 합니다. 뿐만 아니라 시민들이 상업이나 농업에서, 또 모든 직업에 종사하는 사람들이 자기 일을 평온하게 할 수 있도록 격려해야 합니다. 혹시 빼앗길까 봐 재산을 늘리는 일을 두려워하지 않고, 세금을 많이 낼까 봐 걱정한 나머지 새로운 거래를 주저하는 사람이 없도록 해야 합니다. 오히려 그런 일을 하려는 사람 그리고 어떤 방식으로든 자기가 사는 도시나 나라를 부강하게 만들려는 사람에게 상을 주어야 합니다. 그 외에도 한 해의 적당한 시기에 민중이 축제와 볼거리를 즐길 수 있도록 해야 합니다. 그리고 모든 도시는 동업 조합[12]이나 구역[13]으로 나뉘어 있기 때문에 그런 집단들을 고려해야 합니다. 때때로 그들과 모임을 갖고 인간성과 아량의 모범을 보여주는 것이 중요합니다. 그렇지만 군주는 언제나 자기 신분에 걸맞은 위엄을 확고하게 유지해야 합니다. 어떤 일을 하더라도 위엄이 결여되면 안 되기 때문입니다.

22장

군주가 곁에 데리고 있는 관리들에 대하여[•]

관리[1] 선출은 군주에게 무척 중요한 일입니다. 관리들이 훌륭한지 그렇지 않은지는 군주의 신중함에 달려 있습니다. 군주가 얼마나 지혜로운지 평가할 수 있는 첫 번째 항목은 그가 주변에 데리고 있는 사람들을 보는 것입니다. 그들이 능력 있고 충성스럽다면 군주가 현명하다고 평가할 수 있습니다. 능력 있는 자들을 알아보고 그들이 충실하게 일하도록 만드는 법을 알기 때문입니다. 하지만 그렇지 않다면 군주를 좋게 평가할 수 없습니다. 군주의 첫 번째 실수

• 라틴어 원문은 "군주들이 비밀을 위해 데리고 있는 사람들에 대하여"로 직역할 수 있다.

가 부적절한 사람을 관리로 뽑은 것이기 때문입니다.

시에나의 영주 판돌포 페트루치의 관리인 베나프로 사람 안토니오[2]를 안다면 누구나 그런 사람을 관리로 둔 판돌프가 무척 유능하다고 판단할 것입니다. 두뇌 능력에는 세 종류가 있는데, 첫째는 자기 스스로 이해하는 것이고, 둘째는 다른 사람들이 이해한 바를 파악하는 것이며, 셋째는 자신이나 다른 사람들을 통해서도 이해하지 못하는 것입니다. 첫째 경우가 가장 탁월하고, 둘째 역시 탁월하지만 셋째는 무익합니다. 그러므로 판돌포의 두뇌 능력이 첫째 단계에 미치지 못한다면, 적어도 둘째 단계에 속하는 것만큼은 분명합니다. 스스로 이해하는 독창성을 갖추지는 못했더라도 다른 사람의 행동과 말에서 좋은 것 또는 나쁜 것을 알아보는 판단력을 갖춘 군주는 관리가 잘한 일과 잘못한 일을 알아볼 수 있습니다. 따라서 잘한 일을 칭찬하고 잘못한 일을 바로잡으면, 관리는 군주를 속일 생각조차 할 수 없기에 항상 잘하려고 노력하게 됩니다.

군주가 관리를 정확하게 가늠할 방법이 있습니다. 관리가 당신보다 자신을 더 생각하고 무엇을 하든 자신의 이익을 추구한다면, 그런 사람은 절대 훌륭한 관리가 될 수 없으며 당신도 그를 믿지 못할 것입니다. 한 사람의 나라[3]를 관리하는[4] 사람은 절대로 자신을 생각해서는 안 되고 언제나 군주를 생각해야 하며, 군주와 관련이 없는 일에는 관심을 두지 말아야 합니다. 다른 한편으로 군주는 관리를 생각하고, 그를 존중하고, 부자로 만들어주고, 명예와 임무를 공유하는 방식으로 그에게 의무를 부여해야 합니다. 그러면 군주

없이는 그 자리에 있을 수 없다는 사실을 깨닫고, 이미 커다란 명예와 부를 얻었으니 그 이상을 바라지 않을 것이며, 무척 많은 임무가 주어졌으니 변화를 두려워하게 될 것입니다. 그러므로 군주와 관리가 이런 관계를 맺었을 때 서로를 믿을 수 있습니다. 그렇지 않다면 어느 한쪽은 해로운 결말을 맞게 될 것입니다.

23장

아첨꾼을 어떻게 피할 것인가

간과할 수 없을 만큼 중요한 주제가 있습니다. 군주가 신중하지 않거나 훌륭한 관리를 선출하지 못하면 피하기 어려운 실수입니다. 그것은 바로 궁정에 가득한 아첨꾼입니다. 자기 일에 만족한 나머지 자기기만에 빠진 사람은 아첨이라는 전염병에서 자신을 보호하기 어렵습니다. 또한 그렇게 하려고 하면 경멸을 받게 될 위험에 부딪힙니다. 아첨에서 자신을 보호할 유일한 방법은, 당신에게 진실을 말해도 당신이 불쾌하게 여기지 않는다는 사실을 사람들에게 이해시키는 것뿐입니다. 하지만 모두가 당신에게 진실을 말할 수 있다면 당신은 존경심을 잃게 됩니다. 그러므로 신중한 군주는 제삼의 방법을 선택해야 하는데, 나라에서 현명한 사람들을 뽑고, 그들에게만 자유롭게 진실을 말할 권리를 주는 것입니다. 다만 군주가 질문하는 것에 한해 그렇게 하도록 하고 다른 경우는 허용하지 말아야 합니다. 그러나 군주는 모든 일에 대해 질문하고 그들의 의견을 들어야 하며, 그런 다음 나름의 기준에 따라 혼자서 결정해야 합니다. 그리고 그들이 자유롭게 말할수록 군주가 충고를 더욱더 잘 받아들인다고 생각하게끔 행동해야 합니다. 그들 외에는 누구의 말도 듣지 말고, 결정한 일은 곧바로 추진하며, 자신이 내린 결정에 대해서는 확고부동한 모습을 보여야 합니다. 이와 다르게 처신하는 군주는 아첨꾼들 때문에 추락하거나 서로 다른 조언을 듣고 결정을 자주 바꿉니다. 그래서 별로 좋은 평가를 받을 수 없습니다.

이와 관련해 저는 최근의 예를 하나 들고 싶습니다. 황제 막시 밀리안[1]의 사람인 루카 신부[2]는 자신의 주군이 누구와도 상의하지 않고, 어떤 일도 자기 방식으로 하지 않는다고 말했는데, 이는 앞에서 말씀드린 것과 정반대 입장을 취한 것에서 비롯된 일입니다. 황제는 비밀로 둘러싸인 사람이기 때문에 자신의 계획을 누구에게도 알리지 않고 누구의 의견도 듣지 않습니다. 하지만 실행 과정에서 계획이 드러나고 주위에 있는 사람들이 반대하기 시작하면, 황제는 쉽게 마음을 바꾸는 성격이라 자신의 계획을 포기합니다. 그래서 어느 날 하던 일을 다른 날에 그만두며, 그가 하고 싶거나 계획하는 일이 무엇인지를 전혀 알 수 없습니다. 그러면 누구도 그의 결정을 신뢰할 수 없습니다.

군주는 언제나 조언을 들어야 합니다. 무엇보다 다른 사람이 원할 때가 아니라 자신이 원할 때 들어야 합니다. 요구하지 않았는데도 무슨 일에 대해 조언하려는 사람이 있다면 그의 입을 막아야 합니다. 하지만 군주는 언제나 폭넓게 질문해야 하며, 인내심을 가지고 진실을 들어야 합니다. 그리고 누군가가 무슨 이유에서건 진실을 말하지 않는다는 사실을 알면 분노해야 합니다. 어떤 군주가 현명하다는 평판을 듣는 이유는 그의 자질 때문이 아니라 주위에서 좋은 조언을 하기 때문이라고 여기는 사람이 많은데, 이는 분명 잘못된 생각입니다.[3] 항상 옳다고 인정할 만한 보편적인 법칙이 있습니다. 현명하지 못한 군주는 좋은 조언을 얻기 어렵다는 사실입니다. 군주가 우연히 모든 면에서 군주를 조종할 만큼 신중한 사람에게 자신을 맡기지 않는다면 말입니다. 그런 경우 적절한 조언을 받기는 하겠지만 오래가지는 못할 것입니다. 그 조종자가 짧은 시간 안에 나라를 빼앗을 것이기 때문입니다. 하지만 한 사람 이상에게 조언을 구한다면 현명하지 못한 군주는 절대로 통합된 조언을 얻을 수 없을 것이며, 자신의 힘으로는 하나로 모을 수도 없을 것입니다. 조언자들은 각자 자신의 이익만을 생각할 것이 뻔하고, 군주는 그것을 알아차리거나 바로잡을 줄도 모를 것이기 때문입니다. 그리고 그들은 달라질 수 없습니다. 왜냐하면 사람들은 어떤 필요에 따라 착해지지 않는 한 언제든지 당신에게 사악하게 굴 수 있기 때문입니다. 그러므로 좋은 조언은 누가 하든 관계없이 군주의 신중함에서 비롯되며, 군주의 신중함이 좋은 조언에서 비롯되는 것은 아니라고 결론지을 수 있습니다.

24장

왜 이탈리아 군주들은 나라를 잃었는가

앞에서 말씀드린 사항을 신중하게 준수한다면 새 군주가 오래된 군주처럼 보일 것이고, 나라 안에서 그의 지위는 오래 통치한 것보다* 더 안전하고 확고해질 것입니다. 새 군주는 세습 군주보다 주목을 많이 받기 때문에, 그가 역량 있게 행동한다고 알려지면 오래된 혈통보다 훨씬 많은 사람을 사로잡고 좀 더 애착을 느끼도록 만들 수 있습니다. 사람들은 과거보다 현재의 일에 더 많이 끌리는 법이라 지금 상황이 좋다면 그것을 즐기고 다른 것을 찾지 않습니다. 오히려 다른 면에서 부족함이 없을 때 군주를 보호하고자 온갖 노

---

* "세습 군주보다"라고 바꾸어 말할 수 있다.

력을 기울일 것입니다. 또한 그렇게 함으로써 이중의 영광을 얻을 것이니, 새 군주국을 세우고, 훌륭한 법률과 좋은 군대와 좋은 친구들과 좋은 본보기로 나라를 보완하며 강화하기 때문입니다. 세습 군주가 현명하지 못해서 나라를 잃으면 이중으로 수모를 겪는 것처럼 말입니다.

우리 시대에 이탈리아에서 나폴리 왕, 밀라노 공작* 그리고 다른 사람들처럼 나라 잃은 군주들을 고려해보겠습니다. 그들에게서는 첫째, 위에서 논의한 이유로 군대와 관련된 공통적인 결점을 발견할 것입니다. 둘째, 그들 중 누군가는 민중의 적의를 샀거나 민중은 우호적이었지만 귀족들에게서 자신을 지킬 줄 몰랐다는 사실을 발견할 것입니다. 그런 결점들이 없다면 군주가 야전으로 군대를 이끌 수 있을 만큼 국력이 강한 나라를 잃어버리는 일은 없기 때문입니다. 마케도니아의 필리포스, 즉 알렉산드로스의 아버지가 아니라 티투스 퀸크티우스에게 패배한 필리포스[1]는 자신을 공격한 그리스나 로마에 비해 보잘것없는 나라를 갖고 있었습니다. 그런데도 호전적인 데다가 민중을 사로잡고 귀족들로부터 자신을 지킬 줄 알았기 때문에, 로마를 상대로 몇 년 동안 전쟁을 치를 수 있었습니다. 그는 결국 일부 도시의 지배권을 잃었지만, 자신의 왕국은 지켜

냈습니다.

그러므로 군주국을 오랫동안 통치하다가 잃은 군주들은 운명이 아니라 본인의 나태함을 탓해야 합니다. 평온한 시기에 상황이 바뀔 수 있다는 것을 전혀 생각하지 못했기 때문에 (평온할 때 폭풍우를 고려하지 못하는 것은 인간의 공통된 결점이지요) 훗날 역경의 시기가 왔을 때 달아날 궁리만 했을 뿐 방어할 생각은 하지도 않았으며, 민중이 승리자의 거만함에 싫증을 느껴 자신을 다시 불러줄 것이라고 기대했습니다. 다른 대책이 없다면 좋은 결정이라고 할 수 있지만, 그렇게 하려고 다른 해결책들을 무시하는 것은 참으로 그릇된 행위입니다. 자신을 다시 일으켜줄 사람이 있으리라 믿으면서 넘어지는 사람은 없습니다. 그런 일은 일어나지 않으며, 혹시 그렇게 되더라도 당신의 안전을 보장해줄 수는 없습니다. 그런 방어책은 비열할뿐더러 자신에게 의존하는 것이 아니기 때문입니다. 훌륭하고 확실하며 지속적인 유일한 방어책은 바로 자신과 자신의 역량에 의존하는 것뿐입니다.

25장

행운은 인간사에서 얼마나 강하고,
인간은 행운에 어떻게 저항할 수 있는가

세상에서 일어나는 일은 행운과 하느님이 지배하기 때문에 인간의 신중함으로 바로잡을 수 없으며 어떤 대비책도 없다는 견해를 지금껏 많은 사람이 가져왔고 지금도 갖고 있습니다. 제가 이런 사실을 모르지는 않습니다. 따라서 세상일에 땀을 흘릴 필요가 없으며 행운이 지배하도록 놔두어야 한다고 판단할 수도 있을 것입니다. 우리 시대에 그런 견해는 더 많은 힘을 얻고 있는데, 예상을 뛰어넘은 엄청난 일들을 날마다 보았고 또한 지금도 보고 있기 때문입니다. 그런 점을 생각하면 때로는 저도 어느 정도 그들의 견해에 이끌립니다. 그렇지만 행운이 우리 행동의 절반을 결정하더라도, 우리의 자유 의지가 꺼지지 않도록 나머지 절반 정도는 우리 스스로 지배하도록 놔둔다는 것이 진실이라고 생각합니다. 그리고 저는 행운을 물살이 거센 강 중에서 하나에 비유하는데, 그런 강들은 분노할 때 들판으로 범람하고, 나무들과 건물들을 무너뜨리며, 이곳에서 흙을 들어내 저곳으로 옮깁니다. 그 앞에서는 모두가 달아나거나 어떤 방식으로도 기세를 저지하지 못해서 결국에는 굴복하지요. 그렇다고 해도 평온한 시기에 둑과 제방을 쌓음으로써, 훗날 강물이 불어나더라도 물줄기를 수로로 돌려 흘러가게 하거나 무자비하고 커다란 피해를 보지 않도록 대비할 수 없는 것은 아닙니다. 행운에 대해서도 그와 비슷하게 개입할 수 있습니다. 행운은 역량이 자신에게 저항할 만큼 조직되지 않은 곳에서 힘을 과시하며, 자신을 막을 둑과 제방이 준비되지 않은 지점을 알아채고 그곳에 공격을 집중합니다. 만약 당신이 그런 변화의 중심지이면서 격변을 유발한 이탈리아를 고려해보신다면, 그곳은 어떤 둑도 없고 제방도 없는 벌판이라는 사실을 아실 것입니다. 만약 이탈리아가 독일, 스페인, 프랑스처럼 적절한 역량을 갖추고 대비했다면, 홍수가 났어도 그렇게 커다란 변화를 초래하지는 않았을 것입니다. 어쩌면 아예 홍수가 나지 않았을지도 모릅니다. 행운에 저항하는 것에 대해 제가 말씀드린 일반적인 내용은 이것으로 충분하다고 봅니다.

하지만 더 구체적인 경우로 좁혀서 본다면, 군주가 성격이나 자질이 전혀 바뀌지 않았는데도 오늘 행복했다가 이튿날 파멸하는 모습을 볼 수 있습니다. 저는 그런 일이 앞에서 오랫동안 논의했던 이유로 생겨났다고, 즉 전적으로 행운에 의존하는 군주는 행운이 바뀌면 몰락하게 된다고 믿습니다. 게다가 일을 진행하는 방식이

군주론

〈포르투나의 바퀴〉(작자 미상, 1230년경)

중세 시가집 『카르미나 부라나』에 실린 그림이다. 가운데에서 왕관을 쓰고 바퀴를 돌리는 인물이 행운(또는 운명)의 여신 포르투나다. 포르투나가 바퀴를 돌리면 매달린 사람들의 위치가 바뀌는데 이는 변덕스러운 행운(또는 운명)을 상징한다.

시대의 상황[1]과 일치하는 사람은 행복하지만 시대와 어울리지 않은 사람은 불행하다고 믿습니다. 왜냐하면 사람들은 자기 앞에 놓인 목적, 말하자면 영광과 부로 인도하는 일을 각자 다양한 방식으로 진행하기 때문입니다. 누구는 조심스럽게, 누구는 충동적으로, 누구는 격렬하게, 누구는 교묘하게, 누구는 참을성 있게, 또 누구는 그와 반대로 하면서 서로 다른 방식으로 목적지에 도달할 수 있습니다. 더구나 조심스럽게 행동한 두 사람 중 한 명은 자신의 계획을 달성하고, 다른 한 명은 그러지 못하기도 합니다. 마찬가지로 조심스러운 사람과 충동적인 사람이 두 가지 상이한 방식으로 똑같이 행복해지기도 합니다. 그것은 오로지 그들이 행동하는 방식과 어울리거나 그러지 않은 시대 상황 때문입니다. 그런 이유로 제가 말씀드린 것처럼 두 사람이 서로 다르게 활동하면서도 동일한 결과에 도달하거나, 두 사람이 같은 방식으로 활동했지만 한 사람은 목적을 이루고 한 사람은 그러지 못하기도 합니다. 그리고 행복 역시 그에 따라 달라집니다. 만약 어떤 사람이 조심스럽고 참을성 있게 행동하는데, 시대와 상황이 그의 행동 방식에 어울리게 돌아간다면 그는 행복을 얻을 수 있습니다. 하지만 방식을 바꾸지 않으면 시간과 상황이 달라졌을 때 몰락할 수밖에 없습니다. 이런 변화에 맞추는 법을 알 만큼 신중한 사람은 없습니다. 본성이 이끄는 방식에서 벗어날 수 없기 때문이며, 또한 한길을 걸으면서 계속 잘되었다면 그 길에서 떠나도록 설득할 수 없기 때문입니다. 그러므로 조심스러운 사람은 충동적으로 행동해야 하는 때가 와도 그렇게 할 줄 모르기 때문에 몰락합니다. 만약 시대와 상황에 맞추어 본성이 변한다면 행운은 변하지 않기 때문입니다.

교황 율리우스 2세는 모든 일을 충동적으로 추진했는데, 그런 방식이 시대의 상황과 어울렸기 때문에 언제나 행복한 결과를 얻었습니다. 조반니 벤티볼리오가 아직 살아 있을 때 볼로냐를 상대로 추진한 첫 번째 원정을 고려하시기 바랍니다. 베네치아인들은 그 일에 반대했고, 스페인 왕도 마찬가지였으며, 프랑스와도 마찰을 빚었습니다. 그럼에도 불구하고 그는 난폭하고 충동적인 성격을 바탕으로 원정을 감행했습니다.[*] 그의 이러한 움직임은 스페인과 베네치아를 멈춰 세우고 꼼짝 못 하게 만들었습니다. 베네치아는 두려워했고 스페인은 나폴리 왕국 전체를 장악하려는 욕망을 가졌던 터라 달리 행동할 수 없었기 때문입니다. 반면에 프랑스는 그의 뒤를 따랐습니다. 베네치아의 힘을 빼려는 목적을 가지고 교황과 우호 관계를 맺고 싶어 했던 프랑스 왕은 교황이 움직이자 공개적으로 모욕을 받지 않고는 교황의 군사 지원 요청을 거부할 수 없다고 판단했습니다. 이처럼 율리우스 2세는 인간적으로 신중한 교황이라면 절대로 할 수 없을 법한 충동적인 움직임으로 일을 추진했습니다. 그리고 다른 교황이라면 모든 일이 확실하게 정리된 다음 로마를 떠나려고 기다렸을 테지만, 만약 그가 그렇게 했다면 절대

•   11장을 참조하라.

성공하지 못했을 것입니다. 왜냐하면 프랑스 왕은 수많은 변명을 했을 것이고, 다른 자들은 교황에게 커다란 두려움을 안겨주었을 것이기 때문입니다. 그가 한 행동이 모두 비슷하고 성공적이었기 때문에, 그의 다른 행동에 대해서는 말할 필요가 없을 듯합니다. 짧은 생애[2] 덕분에 그는 정반대 상황을 겪지 않았습니다. 만약 조심스럽게 진행해야 하는 시대가 왔다면 그는 파멸할 수밖에 없었을 것입니다. 본성이 이끄는 방식에서 절대 벗어나지 않았을 테니까요.

행운은 변하고 사람들은 자신들의 방식을 고집하기 때문에, 서로 일치하면 행복하지만 그렇지 않으면 불행하다는 결론을 내리겠습니다. 저는 조심스러운 것보다 충동적인 편이 더 낫다고 확신합니다. 행운은 여자라서[3] 그녀를 지배하고 싶다면[4] 때리고 세게 부딪칠 필요가 있기 때문입니다. 또한 그녀는 냉정하게 행동하는 사람보다 충동적인 사람에게 더욱 쉽게 복종한다는 것을 알 수 있습니다. 그러니까 행운은 여자이기에 언제나 젊은이들에게 우호적인데, 젊은이들은 덜 조심스럽고, 더 난폭하며, 더 대담한 자세로 그녀에게 명령하기 때문입니다.[5]

26장

이탈리아를 장악하여
야만인들*로부터 해방하라는 권고

오늘날 이탈리아에는 새로운 군주에게 영광을 안겨줄 시대가 도래했는지, 신중하고 역량 있는 군주에게 영광이 되면서 이탈리아 사람 모두를 행복하게 해줄 수 있는 형식이 도입되도록 기회를 제공해줄 질료**가 있는지, 앞에서 논의한 내용을 모두 고려하면서 저 스스로 곰곰이 생각해보았습니다. 많은 것이 새로운 군주에게 우호

- "야만인들"이라는 용어는 고대 그리스어 βάρβαρος에서 유래한 의성어로, 그리스어를 할 줄 모르는 사람들을 가리켰는데, 로마 제국 후기에는 유럽 북부에서 물밀 듯이 들어오는 사람들을 가리키는 말로 쓰였다. 여기에서는 본문에서 명시적으로 말하듯이 "외국인들"을 포괄적으로 가리킨다.
- 형상을 갖춤으로써 비로소 일정한 것으로 되는 재료를 뜻한다. 물질의 생성 변화에서 여러 가지 형상을 받아들이는 본바탕이다.

적인 방향으로 흐르는 듯해서, 지금보다 더 적합한 시대가 있었는지 모를 정도입니다. 그리고 제가 말씀드린 것처럼 모세의 역량을 알기 위해서는 이스라엘 민족이 이집트에서 노예가 되어야 했고, 키루스의 위대한 정신을 알기 위해서는 페르시아인이 메디아인에게 억압되어야 했으며, 테세우스의 탁월함을 알기 위해서는 아테네인이 흩어져 있어야 했습니다.* 마찬가지로 현재 이탈리아 정신의 역량을 알기 위해서는 이탈리아가 현재와 같은 극단적 처지로 전락하고, 히브리인보다 더 심하게 예속되고, 페르시아인보다 더 큰 억압을 받고, 아테네인보다 더 흩어져 있으면서 지도자도 없고 질서도 없이 두들겨 맞고, 약탈당하고, 찢기고, 짓밟히고, 온갖 종류의 파멸을 겪어야 할 필요가 있었습니다.

그리고 지금까지 이탈리아를 구원하라는 하느님의 명령을 받았다고 판단할 수 있을 만큼의 여명이 누군가**에게서 드러났지만, 훗날 그가 절정기에 이르렀을 때 우리가 본 것처럼 행운은 그를 거부했습니다. 그리하여 생명 없이 남은 이탈리아는 누군가가 자신의 상처를 고쳐주고, 롬바르디아의 약탈' 및 나폴리 왕국과 토스카나의 수탈을 끝내고, 오랜 세월 동안 만성이 되어버린 고통에서 벗어나게 해주길 기다리고 있습니다. 그런 야만적인 잔인함과 오만함에

- 6장을 참조하라.
- 여기에서 마키아벨리는 거의 확실하게 체사레 보르자를 암시하고 있다.

서 자신을 해방해줄 누군가를 보내달라고 하느님께 기도하는 모습을 보십시오. 그리고 만약 깃발을 들 사람이 있으면, 곧바로 그 뒤를 따르고자 준비하는 모습을 보십시오. 현재 이탈리아는 전하의* 탁월한 가문 외에는 희망을 가질 만한 존재가 없습니다. 전하의 가문은 행운과 역량을 토대로, 현재 군주로 있는 교회**와 하느님의 호의를 얻어 해방의 지도자가 될 수 있습니다. 앞에서 말씀드린 사람들***의 삶과 활동을 상기해보신다면, 그렇게 되는 것이 아주 어렵지는 않을 것입니다. 그들은 비록 비범하고 놀라운 인물들이었지만 그들 역시 인간일 따름이며 지금보다 좋은 기회를 얻지도 못했습니다. 왜냐하면 그들의 과업은 이보다 정의롭지도 수월하지도 않았으며, 하느님께서 전하보다 그들을 더 우호적으로 대하시지도 않았기 때문입니다. 여기에 위대한 정의가 있습니다. "필요한 전쟁은 정의롭고, 무력 외에 다른 희망이 없을 때 무력은 경건합니다."² 여기에 최상의 여건이 있으며, 여건이 좋으면 커다란 위험이 없을 것입니다. 제가 목표로 제시한 사람들의 방식을 따르신다면 말입니다. 그 외에도 전례 없이 하느님께서 보내신 특별한 사건이 나타났

• 원문은 vostra, 즉 "당신의"라고 되어 있는데, 여기에서는 분명하게 이 책의 헌정 대상인 로렌초에게 하는 말이다.

•• 로렌초의 삼촌 조반니 디 로렌초 데 메디치는 1513년 3월 교황 레오 10세로 선출되었다.

••• 모세, 키루스, 테세우스를 가리킨다.

으니, 바다가 열렸고, 구름이 길을 안내했고, 물이 바위에서 솟아났고, 이곳에 만나*가 비처럼 내렸으며,[3] 모든 것이 당신의 위대함을 드러내기 위해 모여들고 있습니다. 나머지는 당신의 몫입니다. 하느님께서는 모든 일을 직접 하시지 않습니다. 우리에게서 자유 의지와 우리 몫의 영광 일부를 빼앗지 않으시려는 섭리입니다.

앞에서 언급한 이탈리아인들** 중 누구도 전하의 탁월한 가문이 해낼 거라고 희망하는 일을 이루어내지 못했다고 해서 놀랄 이유는 없습니다. 이탈리아에서 일어났던 수많은 변혁과 전투에서 언제나 이탈리아의 군사적 역량이 주저앉은 것처럼 보여도 의아해할 필요가 없습니다. 단지 옛날의 군사 제도가 좋지 않았고 새 제도를 창안할 줄 아는 사람이 없었기 때문입니다. 새롭게 부상하는 사람에게는 자신이 창안한 새 법률과 제도만큼 커다란 영광을 가져다주는 것이 없습니다. 새 법률과 제도가 훌륭하게 확립되고 위대해진다면 그는 칭송과 존경을 받을 것입니다. 이탈리아에는 모든 형식을 도입할 질료가 없지 않으니, 위대한 역량이 우두머리들에게는 없지만 개개인들[4]에게는 있습니다. 소수가 전투를 하거나 결투를 할 때 이탈리아인들의 힘과 민첩함, 재능이 얼마나 뛰어난지 살펴보십시오.[5] 하지만 군대에서는 그런 장점이 나타나지 않습니다.

- 이집트를 탈출한 이스라엘 민족이 광야에서 먹을 것이 없어 방황할 때 하늘에서 내려준 기적의 음식이다.
- ● 체사레 보르자와 프란체스코 스포르차를 가리킨다.

이는 우두머리들이 허약한 데서 원인을 찾을 수 있습니다. 왜냐하면 능력 있는 사람들에게 복종하지 않고, 저마다 자신이 능력 있다고 생각하며, 이제껏 역량에서 또 행운에서 다른 사람들을 굴복시킬 만큼 두드러진 능력을 보여준 사람이 없었기 때문입니다. 이런 이유로 오랜 세월 동안, 즉 지난 20년간 발발했던 전쟁에서 순수하게 이탈리아인들로 조직된 군대는 언제나 좋지 않은 결과만 거두었습니다. 타로의 전투 그리고 알레산드리아, 카푸아, 제노바, 바일라, 볼로냐, 메스트레 전투를 증거로 제시할 수 있습니다.[6]

그러므로 전하의 탁월한 가문이 자신의 나라[7]를 구원했던 뛰어난 인물들[•]의 길을 따르고자 한다면 무엇보다 먼저 자신만의 군대를 조직해야 하니, 이 일은 모든 과업의 진정한 토대입니다. 그들보다 더 충성스럽고, 더 진실하며, 더 나은 병사들을 얻을 수는 없기 때문입니다. 병사 개개인이 뛰어나더라도 군주의 명령을 받으며 군주로부터 존중과 환대를 받을 때 그들 모두 단결해서 더욱 훌륭해질 것입니다. 따라서 이탈리아의 역량으로 외국인들로부터 나라를 방어하려면 그런 군대를 갖추어야 합니다. 비록 스위스와 스페인의 보병이 무시무시하다고 평가되지만 그럼에도 불구하고 그들에게는 약점이 있습니다. 따라서 제삼의 제도를 갖춘다면 그들과 대적할 수 있을 뿐만 아니라 그들을 능가할 것이라고 확신합니다.

- 모세, 키루스, 테세우스를 가리킨다.

스페인 보병은 기병에게 저항하지 못하고, 스위스 보병은 자기들처럼 집요하게 싸우는 보병과 맞부닥뜨렸을 때 두려워하기 때문입니다. 그래서 스페인 보병은 프랑스 기병에게 저항하지 못하고 스위스 보병은 스페인 보병에게 패한다는 것을 이미 목격했으며, 앞으로도 그럴 것입니다. 후자에 대해서는 확실하게 경험하지는 못했지만 적어도 라벤나 전투에서 징후를 보았습니다. 그때 스페인 보병대와 싸웠던 독일 군대는 스위스 군대와 동일한 전술을 썼습니다. 스페인 보병은 작은 방패를 들고 민첩한 몸놀림으로 독일 보병의 기다란 창 사이로 들어가서는 별다른 피해 없이 상대방을 공격했는데 독일 보병은 이런 전술에 맞설 대책을 세우지 못했습니다. 만약 기병대가 도와주지 않았다면 독일 보병은 아마 전멸했을 것입니다. 그러므로 두 나라 보병대의 단점을 알면 기병에게 저항할 수 있고 다른 보병대를 두려워하지 않을 만한 보병대를 새로 조직할 수 있습니다. 무기의 성능을 개선하고 전술을 바꾸면 이런 일이 가능해질 것입니다. 이처럼 새롭게 확립된 것들은 새 군주에게 명성과 위대함을 안겨줄 것입니다.

그러므로 이탈리아가 오랜 세월 동안 고대했던 구원자를 볼 수 있도록 이 기회를 놓치지 말아야 합니다. 외세의 침입으로 고통을 겪었던 모든 지방에서 그 구원자를 얼마나 큰 사랑으로 맞이할지, 얼마나 간절한 복수의 목마름으로, 얼마나 집요한 믿음으로, 얼마나 경건한 자세로, 얼마나 많은 눈물을 흘리며 환영할지 저는 감히 표현할 수 없습니다. 어떤 문이 그 앞에서 닫히겠습니까? 어떤

군주론

민중이 그에게 복종하기를 거절하겠습니까? 어떤 질투가 그를 반대하겠습니까? 어떤 이탈리아 사람이 그를 추종하지 않고 거부하겠습니까? 야만적 지배의 악취가 모두에게서 풍깁니다. 그러므로 전하의 탁월한 가문이 정의로운 과업에 뒤따르는 희망과 용기로 임무를 맡으셔야 합니다. 그 깃발 아래에서 조국이 고귀해지고, 그 후광 아래에서 페트라르카의 말이 실현되도록 말입니다.

> 역량이 광기에 대항하여
>
> 무기를 들고, 전투는 짧게 끝날 것이니,
>
> 이탈리아인의 가슴속에서
>
> 옛날의 용맹이 아직 죽지 않았기 때문이오.[8]

미주

○○○○○○○○○

헌사 | 니콜로 마키아벨리가 위대하신 로렌초 데 메디치께 인사를 드립니다

1   원문은 servitù이며 "종속", "복종", "추종" 등으로 옮길 수도 있다.

2   원문은 populi, 즉 현대 이탈리아어 popolo의 복수형이다. 이 책에서 광범

위하게 사용되는 용어이며 대부분 "민중"으로 옮겼고 일부만 맥락에 따라

"민족"으로 옮겼다.

3   여기에서도 fortuna라고 했다.

01장 | 군주국의 종류는 얼마나 많으며 어떤 식으로 획득하는가

1   원문은 imperio이며 라틴어 imperium에서 나온 말로 원래 의미는 '명령권'

이다. 맥락에 따라 "통치권", "황제권", "지휘권" 등으로 옮겼다.

2   원문은 stati, 즉 stato의 복수형인데 맥락에 따라 "나라" 또는 "국가"로 옮

겄다.

3   원문(dominio)은 '지배권'이나 '통치권'을 뜻하기도 하지만 이 책에서는 구
    체적인 영토나 영지(領地)를 강조하는 것으로 보아 "영역"으로 옮겼다.

4   원문은 sono stati e sono이며 과거와 현재를 동시에 가리킨다. 문자 그대
    로 옮기면 "[군주국]이었고 또 [군주국]입니다" 정도가 될 것이다.

5   프란체스코 스포르차(1401-1466)는 이탈리아의 탁월한 용병 대장으로 밀
    라노 공작 필리포 마리아 비스콘티(1392-1447)를 위해 20여 년간 일했으
    며 1441년에는 그의 딸 비앙카 마리아와 결혼했다. 1447년 비스콘티 공작
    이 사망한 뒤에 밀라노는 공화정으로 이행했고, 도시의 수호성인 암브로
    시우스(339?-397)의 이름을 따서 '암브로시아나 공화국'이 되었다. 프란체
    스코 스포르차는 베네치아 공화국과 벌인 전쟁에서 승리한 다음 1450년
    에 밀라노의 권력을 장악하고 공작이 되었다.

6   아라곤 왕국의 왕 페란도 2세(1452-1516)를 가리키는데, 교황 알렉산데르
    6세로부터 '가톨릭 왕'이라는 칭호를 받은 그의 스페인어 이름은 페르난
    도(Fernando), 이탈리아어 이름은 페르디난도(Ferdinando)다. 그는 1468년
    시칠리아 왕 페르디난도 2세로 임명되었으며 1469년에는 카스티야와 레
    온 왕국의 이사벨 여왕(1451-1504)과 결혼함으로써 통일된 스페인 왕국의
    기틀을 세웠다. 1500년 11월에는 프랑스 왕 루이 12세와 '그라나다 조약'
    을 체결해서 나폴리 왕국을 나누어 지배하기로 협약을 맺었고, 당시 나폴
    리 왕이었던 아라곤의 페데리코 1세(재위 1496-1501)를 몰아냈다. 그러나
    두 나라는 곧바로 자기들끼리 전쟁을 벌였고 페란도 2세가 승리함으로써
    1504년부터 페르디난도 3세가 되어 나폴리를 다스렸다.

02장 | 세습 군주국에 대하여

1 원문은 lascerò indrieto, 즉 '뒤에 남겨둘 것인데'라는 뜻이다.

2 원문 industria는 '근면함'을 뜻한다.

3 이탈리아 중북부의 도시 페라라의 영주 두 사람, 즉 데스테(d'Este) 가문
의 에르콜레 1세(1431-1505)와 그의 아들 알폰소 1세(1476-1534)를 가리
킨다(그냥 '에스테' 가문으로 표기하기도 하지만, 앞의 전치사도 함께 표기하는
것이 혼란을 줄일 수 있으므로 '데스테'로 표기한다). 원문에는 두 사람을 가리
키면서 단수형을 썼는데 아마도 영속성을 강조하려는 의도로 짐작된다.
에르콜레 1세는 1471년부터 페라라의 영주가 되었다. 그는 소금의 생산
과 거래를 비롯한 여러 문제로 1482년부터 1484년까지 베네치아와 전쟁
을 치렀다. 이탈리아의 여러 세력이 각자 자신의 이익에 따라 복잡한 동
맹을 맺으면서 진행된 이 전쟁은 1484년 8월 7일에 체결된 바뇰로 조약
으로 종결되었다. 페라라는 전쟁 초기에 잃었던 영토를 대부분 되찾았지
만, 일부 지역은 베네치아에 넘겨야 했다. 그가 지배하는 동안 페라라 궁
정은 르네상스 문학과 예술의 중심지로 발전했다. 그리고 알폰소 1세는
1510년 교황 율리우스 2세가 페라라를 공격하자 프랑스 군대와 연합하여
물리쳤다. 이후 교황 율리우스 2세를 중심으로 베네치아 공화국, 나폴리
왕국 등이 참여한 1511년의 '신성 동맹'(Lega Santa)에 대항해 루이 12세의
프랑스 편에 서서 전쟁을 치렀으나 패배했다. 그 뒤 잠시 권력에서 물러
났다가 다시 복귀했다.

4 원문은 per altre cagioni che per essere antiquato in quel dominio인데 직역
하면 "그 영역에서 오래된 것 이외의 다른 이유로는" 정도가 될 것이다.

5 교황 율리우스 2세(재위 1503-1513)를 가리킨다. 그의 본명은 줄리아노 델
라 로베레이며 "전사 교황" 또는 "무서운 교황"이라 일컬어질 정도로 강력
한 정책을 추진했다. 그는 교황청의 세속 권력을 강화하고자 '캉브레 동
맹'(Lega di Cambrai)과 '신성 동맹'을 결성해서 여러 차례 전쟁을 벌이기도
했다.

6 원문은 principe naturale이며 "원래의 군주" 또는 "타고난 군주" 등으로 옮
길 수도 있다.

7 원문의 addentellato는 건물을 증축할 수 있도록 한쪽 벽면에 이빨처럼 돌
출된 부분들을 가리킨다.

03장 | 혼합 군주국에 대하여

1 정치적 변화들을 가리킨다.

2 프랑스의 루이 12세(재위 1498-1515)는 왕이 되기 전부터 이탈리아를 침
략했다. 왕위에 오른 다음에는 복잡한 혈연관계를 근거로 내세워 자신이
밀라노 공국의 후계자라고 주장하면서 당시 프랑스에 망명해 있던 밀라
노 출신 용병 대장 잔 자코모 트리불치오(1440?-1518)가 지휘하는 군대를
파견해 1499년 밀라노를 점령했다. 그리고 밀라노 공국의 다른 지역 일부
는 베네치아가 점령했다. 그 외에도 그는 여러 차례 이탈리아를 침략했다.
1500년에는 나폴리 왕국을 나누어 지배하기로 약속하고 아라곤의 '가톨
릭 왕' 페란도 2세와 결탁하여 나폴리를 공격했으며, 1511년 교황 율리우
스 2세를 중심으로 결성된 신성 동맹과 전쟁을 치르기도 했다.

3 1494년부터 1499년까지 밀라노 공작으로 통치했던 루도비코 마리아 스

포르차(1452-1508)를 가리킨다. '일 모로'라는 별명(il Moro의 의미와 연유에 대해서는 여러 의견이 있다)으로 알려진 그는 밀라노를 북부 이탈리아 르네상스의 중심지로 발전시켰으나 1499년 프랑스 왕 루이 12세가 보낸 군대에 저항하지 못하고 신성 로마 제국의 황제 막시밀리안 1세(재위 1508-1519)에게 피신했다. 곧이어 밀라노 사람들이 트리불치오와 프랑스인들의 탄압에 저항하여 봉기하자 돌아와서 잠시 공국의 일부를 되찾았으나 자신이 고용한 스위스 용병들의 배신으로 포로가 되었다. 이후 그는 프랑스의 로슈성에 감금되었다가 죽었다.

4   이탈리아에서 프랑스 세력을 몰아내기 위해 1511년 교황 율리우스 2세를 중심으로 결성된 신성 동맹에는 베네치아 공화국과 나폴리 왕국뿐만 아니라 스페인과 영국도 참전했다. 1512년 4월 11일 라벤나 전투에서 프랑스 군대는 우세한 화력에 힘입어 승리했지만, 총사령관이었던 느무르 공작 가스통 드푸아(1489-1512)가 갑작스럽게 전사하자 결국 퇴각했다.

5   노르망디는 1204년 필리프 2세가, 가스코뉴는 1453년 샤를 7세가, 부르고뉴는 1477년 루이 11세가, 브르타뉴는 1491년 샤를 8세가 프랑스에 병합했다.

6   원문은 대문자로 시작하는 Turco, 즉 "튀르크 사람"인데 이는 오스만 제국의 전성기를 이끈 술탄 메메트 2세(1432-1481)를 가리킨다. 메메트 2세는 1453년 비잔틴 제국의 수도 콘스탄티노폴리스를 함락시킨 뒤 발칸반도를 점령했는데, 그는 콘스탄티노폴리스를 오스만 제국의 수도로 삼았고 그곳에서 통치했다. 여기에서 그리스는 발칸반도 전체를 가리킨다.

7   원문은 lo può con grandissima difficultà perdere인데 직역하면 "아주 커다

란 어려움으로 그것을 잃을 수 있습니다" 정도가 될 것이다.

8 고대 그리스 서부 코린토스만 북쪽 지역이다.

9 제2차 포에니 전쟁 당시 로마는 카르타고의 한니발을 도와준 마케도니아 왕 필리포스 5세(재위 기원전 222-179)에 대항하여 제1차 마케도니아 전쟁 (기원전 215-205)을 벌였다. 거기에서 '아이톨리아 동맹'은 로마인들과 연합했고 '아카이아 동맹'은 필리포스 5세와 연합했다.

10 원문은 l'ordine delle cose이며 '사건들의 질서'를 의미한다.

11 고대 그리스 펠로폰네소스반도 북쪽의 지역이다.

12 셀레우코스 제국의 안티오코스 3세(기원전 241?-187)를 가리킨다. 마케도니아의 알렉산드로스 대왕처럼 동방으로 원정한 다음 '메가스'(Μέγας), 즉 '대왕'이라는 칭호가 붙을 정도로 야심에 찬 그는 로마에 대적하여 기원전 192년 그리스 본토에서 전쟁을 시작했으나 기원전 190년 마그네시아 전투에서 패했다.

13 아카이아인과 아이톨리아인은 그리스의 "약한 자들"이었고, 마케도니아의 필리포스 5세와 시리아의 안티오코스 3세는 "강한 자들"이었다는 의미다. 마키아벨리가 언급한 사건은 기원전 200년에서 189년 사이에 벌어졌다. 간략하게 요약하면, 아이톨리아인과 연합한 로마는 필리포스 5세와 전쟁을 벌였고, 기원전 197년 키노스케팔라이 전투에서 필리포스 5세의 군대는 로마의 티투스 퀸크티우스(기원전 228?-174)에게 대패했다. 그런 다음 로마는 아카이아 동맹 및 필리포스 5세와 연합해서 아이톨리아인의 지원을 받은 안티오코스 3세와 전쟁을 벌였다. 그 결과 기원전 190년 안티오코스 3세가 패해서 아이톨리아 동맹은 해체되었다. 이 과정에서 로마

의 제국주의 정책이 분명하게 드러났다.

14 로마는 필리포스 5세와 동맹을 맺은 다음에도 그의 권고를 따르지 않고
마케도니아에 대한 팽창 정책을 지속했으며, 필리포스 5세를 억압했다.

15 원문은 prudenza 또는 prudenzia인데 맥락에 따라 "현명함"으로 옮길 수
있다.

16 샤를 8세(재위 1483-1498)는 1494년 나폴리 왕국을 차지하기 위해 이탈
리아를 침공했으나 주민의 호감을 전혀 얻지 못했고, 결국 아무런 성과
없이 이듬해에 퇴각했다. 반면 그의 뒤를 이어 왕위에 오른 루이 12세는
1499년부터 1512년까지 이탈리아의 여러 지역을 점령했다.

17 언어나 풍습이 다른 나라를 뜻한다.

18 이 문장에서 생략된 주어는 복수 2인칭 주격 대명사 voi인데, 상대방에 대
한 존칭으로 사용되었다. 따라서 이 글의 헌정 대상에게 하는 말로 볼 수
도 있지만, 앞에서 말한 tu와 마찬가지로 친밀함을 드러내는 대화체 표현
으로 봐도 무방하다.

19 원문은 stato, 즉 '나라' 또는 '국가'라는 뜻이다.

20 베네치아는 롬바르디아 지방의 두 지역, 곧 브레시아와 베르가모를 이미
차지하고 있었는데, 1495년 루이 12세와 협약을 맺고 승리 후 밀라노 공
국을 나누어 갖기로 했다.

21 이탈리아 북서쪽의 항구 도시 제노바 공화국은 루이 12세가 행정관을 파
견하여 직접 통치했다. 피렌체는 루이 12세가 나폴리 왕국을 정복하도록
도와주었고 그 대가로 루이 12세는 피렌체가 피사와 벌이는 전쟁을 끝낼
수 있도록 군대를 제공했다. 하지만 그 일은 피렌체인들에게 많은 골칫거

리를 안겨주었다(13장 참조).

22   순서대로 간략히 소개하면 "만토바 후작"은 중북부 만토바의 영주 프란체
      스코 곤차가 2세(1466-1519)를 가리키고, "페라라 공작"은 데스테 가문의
      에르콜레 1세, "벤티볼리오"는 볼로냐의 실질적 영주였던 조반니 벤티볼
      리오 2세(1443-1508)다. "포를리의 여인"은 볼로냐 남동쪽의 도시 포를리
      와 이몰라의 영주 지롤라모 리아리오(1443-1488)의 아내이자 실질적인 여
      주인으로서 과감하고 용기 있는 결단과 행동으로 유명했던 카테리나 스
      포르차(1463-1509)를 가리킨다. 이어서 나오는 지역은 모두 이탈리아 중
      동부 지방에 있으며 "파엔차"의 영주는 아스토레 만프레디 4세, "페사로"
      의 영주는 조반니 스포르차(1466-1510), "리미니"의 영주는 판돌포 말라
      테스타 4세(1475-1534), "카메리노"의 영주는 줄리오 체사레 다 바라노
      (1434-1502), "피옴비노"의 영주는 야코포 아피아노 4세(1459-1510)를 가
      리킨다.

23   루카, 피사, 시에나는 모두 피렌체와 함께 이탈리아 중북부 토스카나 지방
      의 도시들이다.

24   원문은 대문자로 시작하는 Chiesa 또는 Chiesia, 즉 "교회"라고 되어 있다.

25   교황 알렉산데르 6세는 교황청의 세속적 권력을 확립했으며, 아들 체사레
      보르자를 통해 이탈리아 중부 지방에 대한 세력을 강화하려고 했다. 베네
      치아 공화국은 특히 롬바르디아와 로마냐 지방을 대상으로 육지의 거점
      을 더욱 확장하려 했으며 남부 지방에도 거점을 확보하려고 시도했다. 따
      라서 이탈리아의 다른 통치자들이 두려워했다.

26   스페인 발렌시아 출신 교황 알렉산데르 6세(재위 1492-1503)로 본명은 로

드리고 데 보르하(Rodrigo de Borja, 이탈리아어로는 Borgia)다. 여러 가지 논란이 많은 르네상스 시대 교황 중 한 명으로 그는 특히 교황령을 포함해 이탈리아 중부와 북부 지방에 대한 세속적 지배권을 강화하며 확장하려고 했다. 초기에는 프랑스의 루이 12세와 밀접하게 협력했지만, 나중에는 이탈리아에서 프랑스의 세력이 지나치게 커지는 것을 염려하여 1495년 밀라노 공국, 베네치아 공화국, 신성 로마 제국과 함께 제1차 '신성 동맹'을 결성해서 대항했다.

27 로마냐는 이탈리아 중북부의 지명으로 오늘날 에밀리아로마냐 지방의 남동부에 해당한다. 이 지역은 원래 교황령에 속했지만, 각 지역의 세력 있는 가문들이 교황의 위임을 받아 대리 통치를 하면서 실질적인 영주가 되었다. 그러나 15세기 말부터 강력한 교황들이 그곳에 대한 권리를 다시 주장하기 시작했고, 특히 알렉산데르 6세는 아들 체사레 보르자를 통해 포를리와 이몰라를 다시 정복했으며 이어서 다른 지역들도 정복해 소위 '로마냐 공국'을 선포하기도 했다.

28 1502년 5월 체사레 보르자는 발디키아나와 아레초의 반란을 이용하여 피렌체를 공격하려고 했지만 프랑스 군대에 의해 저지당했다. 그러나 루이 12세가 군대를 이끌고 이탈리아에 내려온 것은 그 일 때문이 아니라 나폴리 왕국에서 스페인과 치를 전쟁을 준비하기 위해서였다.

29 원문은 suo pensionario, 즉 '자신의 연금 제공자'라는 뜻이다.

30 나폴리 왕국의 마지막 왕 아라곤의 페데리코 1세를 가리킨다.

31 1508년 교황 율리우스 2세는 막강해진 베네치아의 세력을 억제하기 위하여 프랑스의 루이 12세, 스페인의 페란도 2세, 신성 로마 제국의 막시밀리

안 1세와 함께 '캉브레 동맹'을 결성했다. 1509년 베네치아는 캉브레 동맹과 맞붙은 아냐델로 전투에서 패했으며 그 결과로 롬바르디아에서 얻은 영토를 대부분 잃었다.

32 루이 12세는 샤를 8세의 누나 잔 드 발루아(1464-1505)와 정략결혼을 했는데, 샤를 8세가 후사 없이 사망하자 왕위에 오른 다음 미망인 왕비 안 드 브르타뉴(1477-1514)와 결혼하기 위해 교황 알렉산데르 6세로부터 결혼 무효 허락을 받았다. 그뿐만 아니라 교황은 루이 12세의 자문관이었던 루앙의 대주교 조르주 당부아즈(1460-1510)를 추기경으로 임명했다.

33 원문은 fede이며 "신의"나 "믿음"으로 옮길 수 있다.

34 교황 알렉산데르 6세의 아들인 체사레 보르자(1475-1507)는 르네상스 시대의 이탈리아 사람 중 가장 논쟁거리가 된 인물로 손꼽힌다. 젊은 나이에 추기경이 되었지만, 추기경직에서 물러난 뒤에는 프랑스의 왕녀와 결혼하고, 프랑스 남동부 발랑티누아, 즉 발랑스의 공작이 되었다. 따라서 이탈리아인들은 그를 발렌티노 공작이라고 불렀다. 그는 프랑스 군대를 지휘해서 밀라노 공국을 공격했고, 교황 아버지의 후원으로 로마냐 지방의 영토를 재정복했으며, 토스카나 지방에까지 영향력을 확장하려고 시도했다. 마키아벨리는 당시 이탈리아의 정치적 판도를 뒤흔든 체사레 보르자를 몇 차례 만났다. 『군주론』도 바로 그를 모델로 삼아 쓴 저술로 평가된다.

35 원문에서 지명으로 지칭하고 있지만 조르주 당부아즈 추기경을 가리킨다. 마키아벨리는 피사와의 전쟁과 관련하여 프랑스의 도움을 구하고자 1500년 10월 말에서 11월 초 사이에 당시 루이 12세의 궁정이 있던 낭트

를 방문했다.

36 원문은 industria이며 "능력"으로 옮길 수도 있다.

04장 | 알렉산드로스가 정복한 다리우스의 왕국은 왜 그가 죽은 뒤 후계자들에게 맞서 반란을 일으키지 않았는가

1 마케도니아의 왕 알렉산드로스(기원전 356-323)는 기원전 334년부터 327년 사이에 그 유명한 '동방 원정'으로 아시아 지역, 특히 다리우스 3세의 페르시아 제국을 점령했다.

2 원문은 baroni, 즉 '남작(男爵)들'이며, 귀족들을 총칭하는 용어로 자주 사용된다.

3 원문은 signore이며 군주를 가리킨다.

4 원문에서는 "튀르크 사람"이라고 했는데, 앞에서 언급한 오스만 제국의 메메트 2세를 가리킨다.

5 여기에서는 monarchia라는 용어를 사용하는데 문자 그대로 한 사람이 통치하는 나라를 의미한다.

6 원문은 principi, 즉 "군주들"이다.

7 페르시아 제국의 마지막 왕 다리우스 3세(재위 기원전 336-330)를 가리킨다. 마케도니아의 알렉산드로스 대왕이 쳐들어오자 대군을 이끌고 맞섰으나 이수스 전투에서 대패했다. 이후 강화를 맺기 위해 노력했지만 실패했고 결국 부하이자 친척에게 살해당했다.

8 마키아벨리는 로마에 복속된 지역 사람들이 일으킨 여러 반란을 상기시킨다. 그리스에서는 아이톨리아 동맹의 반란(3장 참조)과 기원전 146년 코

린토스의 파멸로 끝난 아카이아 동맹의 반란이 있었다. 스페인 지역에서는 기원전 2세기 중엽 켈티베리아인들과 루시타니아인들이 몇 차례 반란을 일으켰고, 프랑스에서는 기원전 1세 중엽 카이사르가 진압한 갈리아인들의 대규모 반란이 있었다. 하지만 옛날 로마 속주들의 상황과 르네상스 시대 프랑스의 상황은 차이가 크며 반란이 일어난 이유도 완전히 달랐다.

9   고대 그리스 에페이로스의 왕 피로스(Pyrros, 그리스어로는 Πύρρος, 기원전 319?-272) 1세가 이탈리아 남부 지역과 시칠리아를 침략했을 때를 가리킨다. 특히 기원전 277년 시칠리아를 점령했을 때, 그들은 카르타고인들을 거의 섬멸했지만 동맹군들의 이탈과 다른 지역들의 반감 때문에 곧바로 점령한 땅을 잃고 퇴각해야 했다.

05장 | 점령되기 전 자신의 법률에 따라 살았던 도시나 군주국은 어떻게 통치해야 하는가

1   원문은 ruinarle, 즉 "그것들을 파괴하는 것"이며 일부에서는 "국가들을 파괴하는 것"으로 해석하기도 한다.

2   원문은 라틴어 in exemplis다.

3   기원전 431년부터 404년까지 30여 년에 걸친 펠로폰네소스 전쟁에서 승리한 스파르타는 아테네에 '삼십 명 참주'로 구성된 과두 정부를 세웠다. 하지만 이듬해 트라시불로스가 시민들을 이끌고 쿠데타를 일으키자 결국 무너지고 말았다. 기원전 382년에는 테베에도 과두 정부를 세웠지만 기원전 379년 펠로피다스와 에파미논다스가 이끄는 민중 봉기로 통치권을 내주었다.

4	카푸아는 이탈리아 남부 나폴리 근처의 지역으로 제2차 포에니 전쟁 당시 한니발의 전초 기지 중 하나가 되어 로마와 대립했다가 한니발이 물러난 다음 로마에 정복되었는데, 파괴되지는 않았지만 자치권을 모조리 박탈 당했다. 카르타고는 고대 페니키아인들이 아프리카 북부의 튀니지 인근 에 세운 나라로 지중해 무역을 장악했으나 오랜 세월에 걸친 포에니 전쟁 에서 로마에 패배하고 기원전 146년 완전히 파괴된 것을 기원전 1세기 중 엽 카이사르가 다시 건설했다. 누만티아는 스페인 중부 지역으로 로마에 대적하다가 기원전 133년 원로원의 결정에 따라 완전히 파괴되었다.

5	기원전 196년 로마의 장군 티투스 퀸크티우스는 코린토스에서 그리스의 자유를 선언했지만 여러 차례 전쟁을 치른 뒤 로마인들은 기원전 146년 코린토스를 공격하여 파괴했다.

6	피사는 피렌체 서쪽에 있는 지역이다. 1405년 당시 영주였던 비스콘 티 가문은 이곳을 피렌체에 팔아넘겼고 피사 사람들이 반란을 일으켰지 만 1406년 진압되어 완전히 예속되었다. 그러다 1494년 프랑스의 샤를 8세가 이탈리아에 침입했을 때 피렌체는 피사를 잃었고, 오랜 싸움 끝에 1509년에 다시 정복했다. 그 과정에서 마키아벨리는 1507년 1월 '9인 군 사위원회'(Nove della Milizia)의 서기로 임명되어 중요한 역할을 했다.

06장 | 자신의 무력과 역량으로 획득하는 새 군주국에 대하여

1	일부 판본에는 라틴어 personaliter로 되어 있다.

2	모세는 전설과 역사에 걸쳐 있는 인물로 전통에 따르면 기원전 13세기에 유대 민족의 입법자이며 그들을 이집트에서 벗어나게 해주었다. 로물루

스는 기원전 8세기에 로마를 건국한 전설적인 인물이다. 테세우스는 그리스신화에 나오는 인물로 기원전 12세기 아테네의 왕이었다. 반면에 키루스 2세는 페르시아 제국의 건설자이며 아카이메네스 왕조의 초대 왕(재위 기원전 600-530)으로 역사상 실존 인물이었다. 이렇듯 전설적인 인물과 역사상 실존 인물을 구별 없이 인용하는 것에 대해 학자들은 다양한 견해를 내놓고 있다.

3 원문은 라틴어 solum이다.

4 하느님을 가리키며 원문은 precettore다.

5 원문은 populo, 즉 "민중"이다.

6 로물루스는 쌍둥이 형제 레무스와 함께 아이네아스의 후손인 누미토르의 딸 레아 실비아와 전쟁의 신 마르스 사이에서 태어났다. 로마 남동쪽에 있던 알바롱가('긴 알바'라는 뜻으로 원문에는 그냥 "알바"로 되어 있다)의 왕 누미토르는 동생 아물리우스에게 왕위를 빼앗겼고, 그의 아들들은 살해당했으며, 딸 레아 실비아는 강제로 신전의 여사제가 되었다. 쌍둥이 아기들은 티베리스강에 버려졌지만 신의 도움으로 강변에 닿았다. 그러자 암늑대가 와서 젖을 먹여주었고 농부가 그를 발견해서 양육했다. 로물루스는 성장한 뒤 레무스를 죽이고 기원전 753년에 로마를 세웠다. 알바롱가는 기원전 7세기 로마의 세 번째 왕 툴루스 호스틸리우스에게 정복당해서 로마로 편입되었다.

7 메디아 왕국은 현재의 이란 북서부에 있었던 고대 국가로 기원전 7-6세기에는 서아시아에서 가장 거대한 국가였는데, 오랫동안 평화를 누리다가 키루스 2세에게 정복당해 페르시아 제국으로 편입되었다.

8   원문은 fermarli in quella persuasione인데 직역하면 "그들을 그 설득 안에 멈춰 세우기" 정도가 될 것이다.

9   지롤라모 사보나롤라(1452-1498)는 르네상스가 절정기에 이를 때 피렌체에 커다란 변화를 불러일으킨 인물이다. 페라라에서 태어난 그는 도미니쿠스회의 수도자가 되었고, 1482년 피렌체 산마르코 수도원에 파견되어 설교하면서 명성을 얻기 시작했다. 1494년 메디치 가문이 쫓겨난 뒤 사보나롤라는 피렌체에서 가장 유력한 인물이 되었으며, 안토니오 소데리니(1448-1500?)와 함께 피렌체 공화국을 세우는 데 공헌했다. 피렌체 공화국은 1512년 메디치 가문이 돌아올 때까지 존속했다. 하지만 사보나롤라는 메디치 가문의 옹호자들, 프란체스코 수도회, 교황 알렉산데르 6세의 반발에 직면하게 되었다. 특히 알렉산데르 6세에 대해서는 설교에서 여러 차례 신랄한 비난을 퍼부었다. 결국 교황은 사보나롤라를 파문했다. 그런 극단적인 대립의 결과 1498년 5월 23일 사보나롤라는 피렌체의 시뇨리아 광장에서 교수형을 당했고 그의 시신은 불태워졌다.

10   원문은 fra via로 '길에', '도중에'라는 뜻이다.

11   시칠리아 남동부 해안의 시라쿠사를 통치했던 히에론 2세를 가리킨다. 군인이었던 그는 병사들과 시민들의 지지를 받아 기원전 275년 총사령관이 되었으며, 이후 점차 지위를 강화하여 기원전 265년 시라쿠사의 참주가 되었다. 제1차 포에니 전쟁 때 카르타고와 동맹을 맺었다가 이후에는 계속 로마와 동맹 관계에 있었다.

12   원문은 capitano이며 '대장'이나 '우두머리'를 가리킨다.

13   원문은 fortuna다.

14 원문은 라틴어 etiam이다.

15 서기 2세기에 활동한 로마의 역사가 유스티누스를 가리킨다. 그가 남긴 저술은 기원전 1세기의 로마 작가 트로구스가 쓴 『필리포스의 역사와 모든 세상의 기원과 지구의 장소들』(*Historiae Philippicae et Totius Mundi Origines et Terrae Situs*)을 간략하게 요약한 『트로구스에 의한 필리포스의 역사』 (*Historiarum Philippicarum T. Pompeii Trogi libri XLIV in epitomen redacti*)가 전해 진다.

16 원문은 라틴어 quod nihil illi deerat ad regnandum praeter regnum인데, 유스티누스의 저술 23장 4절에 나오는 원래의 문장은 ut nihil ei regium deesse, praeter regnum, videretur이다. 이곳을 비롯하여 일부 인용 구절이 부정확한 것은 주로 기억에 의존했기 때문이라고 짐작된다. 이런 인용문의 경우 이탈리아어 번역에만 의존하지 않고 가능하면 라틴어 원문에 충실하게 옮기고자 노력했다.

17 히에론은 용병들을 없애고 자신의 군대를 조직했는데, 이에 대한 자세한 설명으로는 13장을 참조하라.

18 원문은 amicizie, 즉 "우정들"이라고 되어 있다.

07장 | 다른 사람의 무력과 행운으로 획득하는 새 군주국에 대하여

1 이오니아는 에게해 동쪽의 섬들과 아나톨리아의 남서부 지역으로 기원전 11세기 중엽부터 9세기 사이에 그리스인들이 식민지를 세우고 정착했다. 헬레스폰토스는 '헬레의 바다'라는 뜻으로 현재의 다르다넬스 해협을 가리킨다.

2   아카이메네스 왕조 페르시아 제국의 넷째 왕 다리우스 1세(기원전 550-486)는 제국을 20개 또는 23개 행정 구역으로 나누었고 거기에는 이오니아, 즉 소아시아의 그리스 도시들과 헬레스폰토스 해협에 인접한 도시들도 포함되어 있었다. 다리우스 1세가 그리스를 정복하려고 침략하자 제1차 그리스·페르시아 전쟁이 벌어졌는데, 페르시아 군대는 기원전 490년 마라톤 전투에서 패했다.

3   "통치권" 또는 "명령권"으로 옮길 수도 있으며 원문은 imperio다.

4   원문은 le barbe e correspondenzie loro, 즉 "실뿌리들과 그것들에 상응하는 것들"이라고 되어 있다.

5   밀라노 공작 루도비코 스포르차는 "포를리의 여인"(3장 참조), 즉 조카인 카테리나와 페사로의 영주인 친척 조반니 스포르차를 보호하고 있었다. 그리고 베네치아는 자신들의 이익과 직접 관련이 있었기 때문에 로마냐 지방에서 교황의 세력이 지나치게 커지는 것을 경계했다.

6   루이 12세와 알렉산데르 6세 사이의 합의에 따라 체사레 보르자는 프랑스 왕으로부터 300명의 창기병과 4천 명의 스위스 용병을 지원받았고, 거기에다 자신이 고용한 용병을 더해 1499년 11월부터 로마냐 정복을 시작했으며 그 지역을 대부분 장악했다. 그러나 1503년 알렉산데르 6세가 사망하면서 몰락의 길을 걸었다.

7   체사레 보르자는 1501년 4월 25일 파엔차를 점령한 다음 볼로냐를 장악하려고 기습 공격을 했다. 하지만 파올로 오르시니가 지휘하는 군대는 진격을 머뭇거렸고 프랑스 군대는 거부했기 때문에 결국 볼로냐의 영주 조반니 벤티볼리오와 협정을 맺었다.

8 체사레 보르자는 1502년 6월 우르비노 공국을 점령했다. 토스카나 공격
   과 프랑스의 방해에 대해서는 3장을 참조하라.

9 체사레 보르자에게 격파당한 콜론나 가문과 오르시니 가문은 함께 대응
   할 생각으로 1502년 10월 9일 페루자 근처의 마을 마조네에서 모임을 했
   다. 모임에는 오르시니 가문, 벤티볼리오 가문, 발리오니 가문, 비텔로초
   비텔리, 페르모 사람 올리베로토 에우프레두치, 시에나의 영주 판돌포 페
   트루치가 보낸 베나프로 사람 안토니오 등이 참가하여 체사레 보르자에
   게 맞설 방안을 논의했다.

10 이 사건은 실제로 마조네의 모임 이틀 전인 10월 7일부터 시작되었고, 며
   칠 만에 구이도발도 다 몬테펠트로는 우르비노 공국을 되찾았다.

11 1502년 10월 25일 파올로 오르시니는 이몰라에서 체사레 보르자와 화해
   했으며, 그 결과 오르시니 가문과 비텔리 가문은 그를 위해 세니갈리아를
   점령했다. 체사레는 12월 21일 다른 사람들과 함께 세니갈리아에 들어갔
   는데 그중에는 피렌체 공화국의 사절 마키아벨리도 포함되어 있었다. 그
   리고 바로 그날 체사레는 마조네의 공모자들인 비텔로초 비텔리, 올리베
   로토 에우프레두치를 목 졸라 살해하게 했고, 며칠 뒤 파올로 오르시니도
   살해했다.

12 원문은 impotenti인데 일부에서는 '횡포한', '전횡적인', '무절제한'을 뜻하
   는 용어로 보기도 한다.

13 레미로 데 오르코(Remirro de Orco) 또는 라미로 데 로르콰(Ramiro de
   Lorqua)로 불리는 그는 체사레 보르자의 집사이며 프랑스 출신으로 짐작
   된다. 그는 1501년 로마냐의 총괄 대리 통치자로 임명되었으나 이듬해

12월 22일 감옥에 갇혔고 이튿날 아침 사형을 당했다.

14 시민 재판소는 1502년 체세나에 세워졌고, 교황청 법원에서 임명한 재판장은 안토니오 마리아 초키 델몬테(1461-1533)였다.

15 '관리' 또는 '장관'을 뜻하며 원문은 ministro다.

16 프랑스의 루이 12세와 스페인의 페란도 2세가 나폴리 왕국의 분할을 둘러싸고 전쟁을 벌였을 때(1장과 3장 참조), 곤살로 데 코르도바(1453-1515)의 활약으로 스페인이 우세하고 프랑스가 불리해졌다. 그런 상황에서 알렉산데르 6세는 나폴리 근처의 가에타를 포위하고 있던 스페인과 함께 토스카나와 밀라노를 정복하고자 협상하기 시작했다. 그런데 1503년 8월 18일 알렉산데르 6세가 갑자기 사망했다. 사인은 말라리아열에 의한 뇌경색으로 알려졌지만 갑작스럽게 사망한 데다 거의 동시에 체사레 보르자도 심각한 병에 걸린 터라 독살 가능성이 제기되었다.

17 원문은 quanto alle cose presenti, 즉 "현재 상황에 대한"인데 이는 뒤이어 나오는 "미래의 상황"과 어우러지면서 대비를 이룬다.

18 체사레 보르자는 1501년 9월 피옴비노를 점령했고, 1503년 1월에는 페루자를 점령했으며, 피렌체를 포위할 수 있도록 피사의 지배권을 두고 협상 중이었다.

19 1503년 8월 18일이다. 체사레 보르자는 1497년 형제인 후안의 뒤를 이어 교황청 군대의 총사령관으로 임명되었지만 이듬해에 추기경직을 사임하고 정복 사업을 시작했다.

20 가에타를 포위하고 있던 스페인 군대와 벌써 로마 근교까지 다가온 새로운 프랑스 군대를 가리킨다.

21 로마냐의 도시들은 교황령으로 돌아가려 하지 않았고, 체사레 보르자가 새 교황 율리우스 2세에게 양도하겠다는 확실한 증거를 제시한 12월까지 기다렸다.

22 알렉산데르 6세의 뒤를 이어 피우스 3세가 교황으로 선출되었는데 겨우 26일 뒤 갑자기 죽었다. 마키아벨리는 새 교황을 선출하는 콘클라베의 추이를 지켜보기 위해 로마로 파견되었고 이때 체사레 보르자를 세 번째로 만났다. 1503년 10월 28일 율리우스 2세가 교황으로 선출되었다. 율리우스 2세는 특히 보르자 가문 사람들에게 적대적이었지만, 콘클라베 직전에 체사레 보르자 계열 추기경들의 표를 얻기 위하여 그와 협상을 했고, 교황청 군대의 총사령관과 로마냐 지방의 지배권을 약속했다. 그러나 그 약속은 나중에 지켜지지 않았다.

23 원문에는 offendere con respetto, 즉 "존경심과 함께 공격하도록"으로 되어 있다.

24 순서대로 로마 산피에트로 인 빈콜리의 추기경으로 교황 율리우스 2세가 된 줄리아노 델라 로베레, 조반니 콜론나(1456-1508), 로마 산조르조의 추기경 라파엘로 리아리오(1461-1521), 아스카니오 스포르차(1455-1505) 추기경을 가리킨다.

25 3장에서 언급한 루앙의 대주교 조르주 당부아즈 추기경을 가리킨다.

08장 | 사악함으로 군주가 되는 사람들에 대하여

1 『로마사 논고』 1권 52장, 3권 8장과 34장을 참조하라.

2 아가토클레스(기원전 361-289)는 옹기장이의 아들로 태어나 시칠리아를

지배했던 인물이다. 용병으로 활동하다가 기원전 317년부터 그리스의 식
민 도시 시라쿠사의 참주를 지냈고 기원전 304년에는 시칠리아의 왕이
되었다. 특히 시라쿠사의 지배권을 중심으로 시칠리아를 통일했으며, 카
르타고가 공격해왔을 때 대담하게 저항했을 뿐만 아니라 아프리카에 있
는 본토를 침공하기도 했다.

3   원문은 fortuna다.

4   원문은 pretore인데, 고대 로마의 공직 이름인 praetor에서 나온 말이다.

5   여기에서 말하는 하밀카르는 카르타고의 장군으로 한니발의 선조 중 한
    명이다. 그는 아가토클레스와 전쟁을 벌였으며, 시라쿠사를 포위해서 공
    격하던 중에 붙잡혀 기원전 309년에 살해당했다.

6   원문은 repubblica, 즉 "공화국"이다.

7   원문은 라틴어 demum이다.

8   원문은 라틴어 solum이다.

9   이탈리아 중동부 마르케 지방의 도시 페르모에서 태어난 올리베로토 에
    우프레두치(1473-1502)를 가리킨다. 어렸을 때 부모를 잃고 외삼촌 조
    반니 폴리아니의 손에서 자란 그는 마키아벨리가 이야기하는 방법으로
    1501년 12월 26일에 지배권을 장악했으나 이듬해 마조네의 공모에 가담
    했다가 체사레 보르자에 의해 세니갈리아에서 살해당했다(7장 참조).

10 파올로 비텔리(1461-1499)는 유명한 용병 대장으로 1498년 6월 1일 피
    사와 전쟁을 치르던 피렌체 군대의 사령관이 되었으나, 이듬해 여름 그
    의 방식에 대한 불만이 확산되기 시작하면서 배신했다는 혐의를 받아
    1499년 10월 1일에 처형되었다.

11 파올로의 형 비텔로초 비텔리(1458?-1502)도 당시 널리 알려진 용병 대장
    이었다.

12 원문은 stato이며 "나라"로 옮길 수도 있다.

13 원문은 necessità이며 "필요한 일"로 옮길 수도 있다.

14 여기에서도 마키아벨리는 상대방을 tu로 부르면서 논의를 진행한다.

09장 | 시민 군주국에 대하여

1 원문은 grandi다. 여기에서는 민중과 달리 권력이나 부를 가진 사람들을
   가리키는데, 편의상 "귀족들"로 옮겼다.

2 원문은 라틴어 praeterea다.

3 나비스는 스파르타의 마지막 왕(재위 기원전 207-192)으로 기존의 제도를
   뒤엎고 혁신적인 정책을 펼쳤다. 그는 부자들의 토지를 압수해서 가난한
   자들에게 분배했고, 스파르타의 재기와 부흥을 위해 노력했다. 외적으로
   는 티투스 퀸크티우스의 로마군과 아카이아 동맹의 포위 공격에 저항했
   으며, 포에니 전쟁에 몰두해 있던 로마인들과 타협하고 기원전 195년에
   평화 협정을 체결했다. 마키아벨리는 그런 사실을 존중하고 있는데, 일부
   학자들은 역사적 사실과 정확하게 일치하지 않는다고 비판하기도 했다.

4 원문에는 속담을 강조하는 표시가 없다.

10장 | 모든 군주국의 힘은 어떻게 측정해야 하는가

1 마키아벨리는 1507년 12월부터 1508년 6월까지 막시밀리안 1세 황제에
   게 피렌체 공화국의 사절로 파견되었고, 스위스를 가로질러 티롤로(독일

어로 티롤) 지방의 인스부르크, 볼차노(독일어로 보첸), 트렌토 등지에 머물
렀다. 하지만 진정한 독일이라고 부를 수 있는 지역의 삶을 직접 경험하
지는 못했다.

2   원문은 la carità propria이며 "자신에 대한 사랑" 또는 "자기애"(自己愛)라고
도 옮길 수 있다.

11장 | 교회 군주국에 대하여

1   원문은 potentato이며 "강대국"으로 옮길 수도 있다.

2   1494년 샤를 8세가 이탈리아에 침입했을 때를 가리킨다.

3   샤를 8세가 침입하기 전, 더 정확히 말하자면 1492년 '위대한 자' 로렌초
가 죽기 전까지 이탈리아의 강한 세력들은 타협을 통해서 균형을 유지하
고 있었다. 마키아벨리는 '위대한 자' 로렌초의 현명한 정책이 효과를 발
휘했기 때문에 그럴 수 있었다고 생각했다. 무엇보다도 덕분에 이탈리아
는 외세의 개입을 막을 수 있었다.

4   1482년 소금 생산과 거래를 둘러싸고 베네치아와 페라라 사이에 전쟁이
벌어졌을 때 베네치아에 맞서는 페라라를 도와주기 위해서 나폴리 왕 페
르디난도 1세, '위대한 자' 로렌초, 루도비코 스포르차가 동맹을 맺었고,
처음에는 베네치아의 편에 섰던 교황 식스투스 4세도 여기에 가담했다.

5   교황 식스투스 4세(재위 1471-1484)를 가리킨다. 본명은 프란체스코 델라
로베레이며 율리우스 2세의 숙부다. 그가 남긴 업적 중에 산피에트로 성
당 옆에 세운 시스티나 경당('식스투스의 경당'이라는 뜻이다. 경당은 특정 공
동체나 일부 신자 집단의 편익을 위해 마련된 예배 장소다)이 있는데, 나중에

미켈란젤로가 율리우스 2세의 위탁을 받아 천장과 벽면에 유명한 프레스코 벽화 〈천지 창조〉와 〈최후의 심판〉을 남겼다.

6 여기에서는 fortuna와 대비되는 개념으로 virtù 대신 il sapere를 쓰고 있다. 따라서 "지혜"나 "지식"으로 옮길 수 있다.

7 원문은 la brevità di vita이며 직역하면 "삶의 짧음"이라고 할 수 있다.

8 마키아벨리가 이 책을 쓰기 전 교황들의 재임 기간을 보면, 식스투스 4세는 13년, 인노켄티우스 8세는 8년, 알렉산데르 6세는 11년, 피우스 3세는 겨우 27일, 율리우스 2세는 10년이었다.

9 원문은 라틴어 verbi gratia라고 되어 있다.

10 7장을 참조하라.

11 피우스 3세는 겨우 27일 동안 재위했기 때문에, 마키아벨리는 그의 존재를 무시하고 있다.

12 알렉산데르 6세와 율리우스 2세는 특히 고위 성직을 매매하면서 부정 축재를 일삼을 것으로 유명했다.

13 페루자를 장악한 율리우스 2세는 1506년 11월 11일 당당하게 볼로냐로 들어갔고, 조반니 벤티볼리오는 달아났다.

12장 | 군대의 종류는 얼마나 많은지 그리고 용병에 대하여

1 원문은 noi, 즉 "우리는"이다.

2 제1차 포에니 전쟁(기원전 264-241)이 끝난 뒤 시칠리아에 있던 카르타고 군대는 본국으로 돌아갔는데, 제대로 급료를 받지 못한 병사들이 얼마 후 봉기를 일으켰고 이것이 일종의 내전으로 확대되어 몇 년 동안 격렬하게

이어졌다. 통치자들의 어리석음과 지휘관들의 불화 때문에 카르타고는 로마군과 전쟁을 벌였을 때보다 더 큰 위험과 어려움에 직면했다. 봉기는 진압되었지만 카르타고의 국력은 약해졌다.

3   마케도니아 왕 필리포스 2세(재위 기원전 359-336)는 알렉산드로스 대왕의 아버지이기도 하다. 그는 테베와 테살리아 '신성 부대'의 사령관으로 기원전 355년 포키스인들과 전쟁을 치르기도 했는데, 나중에는 동맹국들과 대립했고, 기원전 338년에는 테베를 지배하게 되었다. 따라서 엄밀하게 말하면 테베의 용병 대장은 아니었다. 에파미논다스(기원전 420?-362)는 테베의 장군이자 정치가였다.

4   프란체스코 스포르차는 밀라노 공작 필리포 비스콘티가 고용한 용병 대장으로 1448년 9월 15일 카라바조 전투에서 베네치아에 승리한 뒤 1450년 밀라노의 권력을 장악했다. 1장과 7장을 참조하라.

5   프란체스코의 아버지 무치오 아텐돌로 스포르차(1369-1424) 역시 뛰어난 용병 대장으로 본명은 자코모 아텐돌로였다. 그는 나폴리 왕국의 조반나 2세 여왕(재위 1414-1435)을 위해 봉사했으나 1426년 여왕의 동생이자 후계자로 왕위를 차지하려던 루이지 13세를 섬겼다. 그러자 조반나 여왕은 아라곤의 왕 알폰소 5세와 동맹을 맺었으며 그를 후계자로 지명했다. 알폰소 5세는 1442년부터 1458년까지 알폰소 1세로 나폴리를 다스렸다.

6   영국 출신 용병 대장 존 호크우드(1323?-1394)를 가리키는데, 통속적으로 조반니 아우쿠트(또는 아쿠토)라고 불렸다. 그는 1361년부터 1393년까지 이탈리아에서 싸웠으며 1377년부터는 피렌체를 위해 일했다.

7   원문에는 "브라체스키"(Bracceschi)라고 되어 있다. 페루자 출신의 뛰어난

용병 대장으로 안드레아 포르테브라초(1368-1424)가 있었다. 포르테브라초는 '강한 팔'이라는 뜻인데 그는 '숫양의 팔' 또는 '숫양 같은 팔'을 뜻하는 브라초 다 몬토네라는 별명으로 널리 알려졌다. "브라체스키", 즉 "브라초 사람들"은 그의 이름에서 유래한 용병을 가리키며 나중에 그의 뒤를 이어받은 용병 대장 니콜로 피치니노(1386-1444)의 부하들을 함께 가리키는 말이기도 하다. 그들은 무치오 및 프란체스코 스포르차 부자의 부대와 언제나 적대적인 관계였다.

8   원문에는 그냥 in terra라고 되어 있고, "땅에서" 또는 "뭍에서"로 옮길 수 있다. 원래 베네치아는 섬들로 이루어져 있었고 바다를 주요 무대로 삼은 해양 국가였다는 점을 고려하면 적절한 표현이다. 당시 베네치아는 이탈리아반도 내륙에 거점들을 확보하고 세력을 확장하기 위해 노력하고 있었다.

9   원문은 le imprese, 즉 "사업들" 또는 "과업들"로 되어 있다.

10   용병들을 고용하기 시작했다는 뜻이다.

11   뛰어난 용병 대장 프란체스코 부소네(1382?-1432)를 가리키는데, 그는 토리노 근처 카르마뇰라의 백작이었다. 처음에는 밀라노의 비스콘티 가문을 위해 일하다가 1425년부터 베네치아 공화국 편에서 활약하기 시작했다. 밀라노와 전쟁 중인 1427년 10월 11일 마클로디오 전투에서 큰 승리를 거두었지만, 나중에는 어려움을 겪게 되었다. 그리하여 베네치아 원로원의 의심을 받았고, 결국 베네치아로 소환되었으며, 1432년 5월 2일 반역죄로 처형당했다.

12   베르가모 출신의 용병 대장 바르톨로메오 콜레오니(1395?-1475)는

1431년부터 베네치아 공화국을 위해 일했는데, 1448년 카라바조 전투에서 밀라노의 프란체스코 스포르차에게 패했다. 산세베리노 출신의 용병 대장 로베르토(1418-1487)는 1482년부터 1484년까지 베네치아의 편에 서서 페라라와 싸웠다. 피틸리아노 백작 니콜로 오르시니(1442-1510)는 1509년 벌어진 아냐델로 전투에서 베네치아를 위해 싸웠다.

13 아냐델로와 인접한 마을 바일라테(Vailate)를 롬바르디아 사투리로 '바일라'(Vailà)라고 불렀다. 1509년의 아냐델로 전투를 바일라, 즉 '바일라테 전투'라고 부르기도 한다. 마키아벨리는 상황을 실제보다 과장하고 있지만, '캉브레 동맹'과 치른 전투에서 베네치아는 커다란 타격을 받았다.

14 쿠니오 백작이었던 바르비아노 사람 알베리코(1349-1409)를 가리킨다. 그는 용병 부대인 '산조르조 부대'를 창설하여 이탈리아 중부 지역에서 활약했는데, 무치오 아텐돌로 스포르차, 브라초 다 몬토네 같은 유명한 용병 대장들이 바로 그 부대 출신이었다.

15 각각 샤를 8세, 루이 12세, '가톨릭 왕' 페란도 2세를 가리킨다.

16 스위스 용병들은 1500년 노바라에서 그리고 1512년 라벤나에서 이탈리아 용병 부대들에게 커다란 타격을 주었다.

17 원문은 in sulla industria이며 "노력에 의존하므로"라고 옮길 수도 있다. 그들은 용병이라는 직업으로 살아갈 수밖에 없었다는 뜻이다.

13장 | 지원 군대, 혼합 군대, 자국 군대에 대하여

1 볼로냐를 정복한 율리우스 2세는 1510년 페라라까지 장악하려고 공격했으나 페라라 공작 알폰소 1세와 트리불치오가 지휘하는 프랑스 군대의 저

항을 뚫지 못했다. 그 결과 공격을 포기했을 뿐만 아니라 볼로냐에서도 물러났으며 벤티볼리오 가문이 복귀하게 되었다. 그러자 율리우스 2세는 프랑스의 세력이 확장되는 것을 저지하기 위해 1511년 스페인의 페란도 2세, 베네치아 공화국 등과 함께 '신성 동맹'을 결성했다.

2 은유적인 표현으로, 지원 군대의 포로처럼 그들이 원하는 대로 따를 수밖에 없다는 뜻이다.

3 원문은 fresco, 즉 "신선한"이라고 되어 있다.

4 원문 una terza cosa이며 직역하면 "제삼의 일"이다.

5 1512년 4월 11일 라벤나에서 프랑스 군대가 스페인 군대를 물리쳤다. 하지만 프랑스 군대의 사령관 가스통 드 푸아가 갑자기 죽은 데다가 스위스 남부 시온 교구의 추기경이 교황을 위해 고용한 스위스 용병 2만 명이 도착했다. 그 결과 프랑스 군대는 로마냐와 롬바르디아에서 퇴각할 수밖에 없었다(3장 참조).

6 1500년 6월 프랑스 왕 루이 12세는 피사를 공격하려는 피렌체를 도와주기 위해 가스코뉴인들과 스위스인들로 구성된 약 8천 명의 군대를 보냈다. 그러나 계속되는 봉기와 사령관의 무능, 제대로 훈련되지 않은 병사들 때문에 제대로 싸워보지도 못했다. 이에 대해 피렌체 공화국은 프랑스 군대에게 비용 지불을 거부했고, 그토록 바라던 도움은 끝없이 이어지는 재난의 원천이 되었다. 당시 '10인 위원회'의 서기였던 마키아벨리는 이 일에 대해 잘 알고 있었다.

7 비잔틴 제국의 황제 요한네스 6세 칸타쿠제노스(1292-1383)는 요한네스 5세 팔레올로고스(1332-1391)와 내전을 벌이던 중 1346년 오스만 제국의

술탄과 동맹을 맺었다. 이를 계기로 튀르크인들이 유럽에 처음 정착하게 되었으며, 그들은 미래의 세력 확장을 위한 토대를 세웠다.

8 원문에서는 è la ruina fatta, 즉 "파멸은 이루어졌다"라고 했다.

9 원문은 capo, 즉 '머리' 또는 '우두머리'라는 뜻이다.

10 원문 li fece tutti tagliare a pezzi를 직역하면 "그들을 모두 조각으로 자르게 했고"이다.

11 이 부분은 성경에서 이야기하는 내용과 정확하게 일치하지 않는다. 다윗이 갑옷을 사양하면서 사울에게 한 말은 이렇다. "제가 이런 무장을 해본적이 없어서, 이대로는 나설 수가 없습니다"(2005년에 새로 번역된 가톨릭 성경의 사무엘기 상권 17장 39절). 마키아벨리는 자신이 강조하는 주제를 효과적으로 표현하기 위해 이 예화를 든 것으로 보인다.

12 원문은 arme인데 '군대'와 '갑옷'을 동시에 의미한다. 따라서 동음이의어를 활용한 효과적인 표현이라고 할 수 있다.

13 원문 gente d'arme을 직역하면 "무기의 사람들" 또는 "무장한 사람들"이라고 할 수 있다. 일반적으로 병사나 군인을 의미하는데, 뒤이어 나오는 "보병"과 대비를 이루기 때문에 "기병"으로 옮겼다. 스키너와 프라이스도 마찬가지로 "기병"이라고 했다.

14 프랑스 왕 샤를 7세(재위 1422-1461)는 1453년 '백년 전쟁'에서 승리를 거두었다. 그러나 자국의 군대를 조직한 것은 전쟁이 끝나기 전 1445년에서 1448년 사이의 일이었다.

15 샤를 7세의 아들 루이 11세(재위 1461-1483)는 프랑스의 군주정을 새롭게 재정비했으며, 1474년 보병 군대를 폐지하고 스위스 용병들을 고용했다.

16 1513년 6월 노바라에서 프랑스 군대가 스위스 용병 때문에 패배한 것과 1512년 라벤나 전투의 결과를 암시한다.

17 단지 고트족만이 아니라 좀 더 광범위하게 게르만족으로 보아야 한다.

18 원문은 라틴어 quod nihil sit tam infirmum aut instabile quam fama potentiae non sua vi nixa인데, 로마 시대의 뛰어난 역사가 타키투스(56-117)의 『연대기』(*Annales*) 13권 19절에 나오는 표현을 자의적으로 바꾼 것이다. 타키투스의 원래 문장은 Nihil rerum mortalium tam instabile ac fluxum est quam fama potentiae non sua vi nixae이다. 직역하면 "자신의 무력에 토대를 두지 않은 권력의 명성만큼 불안정하고 유동적인 인간의 일은 아무것도 없다" 정도가 될 것이다.

14장 | 군대와 관련하여 군주는 무엇을 해야 하는가

1 여기도 원문은 fortuna다.

2 사람이 아닌 사물, 곧 '기술'에 대해서도 virtù를 쓰고 있다.

3 원문은 복수로 되어 있는데 아들과 손자를 가리킨다. 아들 루도비코 '일 모로'는 1500년에 밀라노 공국을 잃었고, 그의 아들이자 프란체스코의 손자 마시밀리아노 스포르차(1493-1530)는 '신성 동맹'의 도움으로 1512년에 다시 밀라노 공국을 지배하게 되었으나, 1515년 9월 13일 마리냐노 전투에서 프랑스 왕 프랑수아 1세(재위 1515-1547)가 승리함에 따라 자리에서 쫓겨나게 되었다. 이 구절은 『군주론』의 집필 과정과 관련된 것으로 해석된다. 『군주론』은 1513년 7월에서 12월 사이에 초고가 완성되었는데, 나중에 전면적인 개정 작업은 아닐지라도 약간의 수정은 했을 것으로 추

정되기 때문이다. 하지만 구체적인 내용은 정확히 알 수 없다.

4   원문은 non è proporzione alcuna, 직역하면 "어떤 비례도 없다"라고 할 수 있다.

5   필로포이멘(기원전 253-183)은 고대 그리스 아르카디아 지방의 정치가이 며 장군으로 '아카이아 동맹'의 지도자였다.

6   공화정 말기 로마의 탁월한 장군이자 정치가로 로마 제국의 기틀을 세운 율리우스 카이사르(기원전 102-44)를 가리킨다.

7   공화정 시대 로마의 정치가이자 탁월한 장군 스키피오 아프리카누스(기원 전 236-183)를 가리킨다. 그는 제2차 포에니 전쟁에서 카르타고의 한니발 을 무찌르고 승리로 이끌었다.

8   크세노폰(기원전 431?-354?)은 고대 그리스의 철학자이자 역사가로 소크 라테스의 제자였다. 키루스에 대한 저술은 『키로파이디아』(Cyropaedia)인 데 이는 『키루스의 교육』이라고 옮길 수 있다.

9   원문은 castità, 즉 "순결" 또는 "정조"라고 되어 있다. 스키피오가 성적으로 절제한 내용은 『로마사 논고』 3권 20장에서도 인용하고 있다.

15장 | 사람들, 특히 군주가 칭찬받거나 비난받게 만드는 것들에 대하여

1   여기에서 말하는 '너그러움'(이탈리아어로는 liberalità, 형용사는 liberale)은 돈 을 아낌없이 쓴다는 뜻으로, 뒤이어 나오는 '인색함'과 대비되는 개념이 다. 여기에 관한 구체적 논의는 이어지는 16장을 참조하라.

2   원문에는 misero로 되어 있는데, 마키아벨리는 곧바로 그 용어의 의미를 설명한다. 현대 이탈리아어에서는 주로 '비참한', '가난한', '불행한' 또는

그런 사람을 의미한다.

3   현대 이탈리아어에서는 '탐욕스러운' 혹은 그런 사람을 의미한다.

4   원문은 virtù인데 앞뒤에서 언급하는 "악덕" 곧 vizio와 대비되기 때문에 "미덕"으로 옮겼다.

16장 | 너그러움과 인색함에 대하여

1   원문은 virtuosamente인데 virtù에서 파생된 부사다.

2   원문은 misero로 "인색한 사람" 또는 "자린고비"라고 옮길 수도 있다.

3   카이사르는 시민들을 위해 자신의 유산을 아낌없이 베풀어 큰 인기를 얻었다.

17장 | 잔인함과 자비로움에 대하여 그리고 사랑받는 것은 두려움의 대상이 되는 것보다 나은가, 아니면 그 반대인가

1   당시 피렌체 북서쪽의 가까운 도시 피스토이아에서는 판차티키와 칸첼리에리 두 당파 사이의 싸움이 격렬하게 벌어졌는데, 피렌체가 효과적인 대책을 내놓지 못하자 결국 1501-1502년 봉기와 싸움, 파괴로 얼룩진 무질서 상태가 이어졌다.

2   로마의 위대한 시인 베르길리우스(기원전 70-19)는 로마의 건국 신화가 담긴 서사시 『아이네이스』(Aeneis)를 남겼다. 페니키아 지방에 있는 티로스 왕의 딸 디도는 아프리카 북부로 건너가 카르타고를 세운 전설적인 여인이다. 그녀는 그곳에 표류해온 아이네이아스를 사랑했으나 그가 떠나자 실망하여 자결했다. 뒤에 인용되는 구절은 『아이네이스』 1권 563-

564행에서 나온 것이다.

3 원문에서는 앞의 문장에 이어 따옴표로 인용했지만 운문임을 고려하여 따로 인용했다. 인용된 라틴어 원문은 다음과 같다. Res dura et regni novitas me talia cogunt / moliri, et late fines custode tueri. 디도가 이렇게 말한 것은 난파되어 표류하던 아이네이아스 일행이 카르타고에 도착했을 때 엄격하게 대했던 이유를 설명하기 위해서였다.

4 원문은 procedere contro al sangue이며, 직역하면 "피에 거슬러 나아가야" 가 된다.

5 원문은 non mancano mai, 즉 "절대 부족하지 않고"로 되어 있다.

6 고대 카르타고의 뛰어난 장군 한니발 바르카(기원전 247-183/181)를 가리킨다. 제2차 포에니 전쟁의 주인공인 그는 군대를 이끌고 알프스산맥을 넘어 이탈리아반도에 들어갔으며, 15년 동안 반도의 대부분을 정복하면서 로마에 커다란 위협을 주었다. 그러나 스키피오 아프리카누스의 반격에 밀려 카르타고의 자마 전투에서 결정적인 패배를 당했다. 그 뒤 카르타고 귀족들과 알력이 심해져서 조국을 떠나 외로운 죽음을 맞이했다.

7 바꾸어 말하면 "지금까지의 모든 역사에서"라고 할 수 있다.

8 기원전 206년에 병사들이 반란을 일으켰지만 곧바로 강력하게 진압되었다. 한니발과 스키피오의 비교는 『로마사 논고』 3권 21장을 참조하라.

9 파비우스 막시무스(기원전 275?-203)는 공화정 시대 로마의 정치가였는데, 제2차 포에니 전쟁 때 집정관으로 한니발과 정면 대결을 피하면서 상대의 전력을 떨어뜨리는 지연 전술을 썼고, 그로 인해 "쿤크타토르", 즉 "굼뜬 사람"이라는 별명을 얻었다.

10 로크리 에피체피리(그리스어 이름은 Λοκροὶ Επιζεφύριοι)는 이탈리아 남부 칼 라브리아 지방에 기원전 7세기 무렵 세워진 그리스 식민지였다. 제2차 포 에니 전쟁이 벌어졌을 때 한니발의 편에 섰다가 기원전 205년 로마인들 에게 정복되었으며, 퀸투스 플레미니우스에게 약탈당했다. 그런데도 스 키피오는 적절한 조처를 하지 않았고, 이 일로 원로원에서 격렬한 비난을 받았다.

11 원문은 imperio이며 "지휘권"으로 옮길 수도 있다.

18장 | 군주는 어떻게 신의를 지켜야 하는가

1 고대 신화에 나오는 케이론(로마신화에서는 키론)은 켄타우로스, 즉 상반신 은 사람이고 하반신은 말의 모습을 지닌 종족 중 한 명이다. 다방면에 뛰 어난 능력을 지닌 그는 아킬레우스를 비롯하여 헤라클레스, 테세우스, 이 아손, 아이스쿨라피오스 등 많은 영웅을 가르쳤다.

2 원문에는 그냥 "짐승"으로 되어 있다.

3 원문은 pigliare이며 '잡다'라는 뜻인데, 여기에서는 본보기로 삼는다는 뜻 으로 쓰였다.

4 원문은 signore, 즉 "영주" 또는 "주인"으로 되어 있다.

5 원문은 colorire이며 직역하면 "색칠할"이다.

6 원문에는 relligione, 즉 "종교"라고 되어 있다.

7 여기에서 마키아벨리는 vulgo라는 용어를 사용하고 있는데, "겉으로 보이 는 것" 너머까지 통찰할 수 있는 현명한 사람들과 대비된다.

8 원문은 pochi non ci hanno luogo, 즉 "소수는 거기에서 자리를 갖지 못합

니다"로 되어 있다.

19장 | 경멸과 증오를 피하는 것에 대하여

1   안니발레 벤티볼리오 1세(1415-1445)는 볼로냐의 실질적인 영주였는데,

경쟁 상대였던 칸네스키(또는 카네톨리) 가문의 음모로 살해당했다. 그러

나 안니발레의 암살은 볼로냐 민중과 다른 가문의 반발을 불러일으켰고,

결국 칸네스키 일파는 대부분 살해되거나 추방되었다. 당시 안니발레의

아들 조반니 2세(1443-1508)는 아직 아기였고, 다른 귀족들은 볼로냐의

통치권을 거부했으며, 그래서 찾아낸 인물이 산테 벤티볼리오(1424-1463)

였다. 산테는 안니발레 1세의 사촌 에르콜레의 아들로 피렌체의 메디치

가문의 궁정에서 양육되었는데, 1445년부터 1463년까지 볼로냐를 통치

하게 되었다. 이어서 조반니가 볼로냐의 영주가 되었는데, 그는 율리우스

2세에게 통치권을 빼앗겼다(11장 참조).

2   원문은 parlamento이며 프랑스어 parlement에서 나온 용어다. 프랑스 최

고의 사법 기관으로 특히 새 법률이 이전의 사법적 전통과 배치되는지 확

인하는 역할도 했다. 제도와 권한은 점진적으로 바뀌었는데, 필리프 4세

(재위 1285-1314) 때인 1307년부터 파리에 본부를 둔 고정 기관으로 제도

화되었다. 마키아벨리가 살던 시대에는 파리 본부에 종속된 네 군데 지방

고등법원이 운영되고 있었다.

3   원문은 quello che ordinò quel regno, 즉 "그 왕국을 정비한 자"라고 되어

있다.

4   스토아 철학자로도 유명한 마르쿠스 아우렐리우스(재위 161-180)부터 막

시미누스(재위 235-238)에 이르기까지, 연대로 보면 161년부터 236년까지 재위한 황제들을 가리킨다. 뒤이어 열거하는 황제들을 순서대로 보면 콤모두스(재위 180-192), 황제가 된 지 3개월도 지나기 전에 살해당한 페르티낙스(재위 193년 1월 1일-3월 28일), 마찬가지로 2개월 남짓 황제 자리에 있다가 살해당한 디디우스 율리아누스(재위 193년 3월 28일-6월 1일), 셉티미우스 세베루스(재위 193-211), '카라칼라'라는 별명으로 알려진 안토니누스(재위 211-217), 마크리누스(재위 217-218), 태양신의 이름을 따서 '헬리오가발루스'(또는 '엘라가발루스')라는 별명으로 알려진 안토니누스 아우구스투스(재위 218-222), 세베루스 알렉산데르(재위 222-235) 그리고 마지막으로 막시미누스다. 이 황제들에 대한 마키아벨리의 이야기는 시리아 출신 하급 관리이자 역사가였던 헤로디아노스(라틴어 이름은 헤로디아누스, 170?-240?)의 『마르쿠스 황제 이후 로마 제국의 역사』(Τῆς μετὰ Μάρκον βασιλείας ἱστορίαι)에 의거한 것으로 보인다. 그리스어로 집필된 이 저술은 피렌체의 시인이자 인문주의자 폴리치아노(1454-1494)가 1493년에 라틴어로 번역했다.

5 원문은 le università이며 사회적 계급이나 집단을 가리킨다.

6 마르쿠스는 안토니누스 피우스(재위 138-161)의 양아들이었고 그의 후계자로 지명되었다.

7 페르티낙스는 해방 노예 출신 군인으로 169년 게르만족이 침입했을 때 커다란 공훈을 세우고 원로원 의원이 되었으며, 192년 콤모두스가 살해당한 뒤 원로원에서 황제로 추대되었다. 그러나 황제 자리에 오르고 나서 3개월도 지나지 않아 호위병들에게 살해당했다.

8 세베루스 알렉산데르는 뒤이어 황제가 된 막시미누스의 부추김을 받은 병사들에게 살해당했다.

9 원문은 "스티아보니아"인데, 아드리아해 동쪽 슬라브 지역인 스키아보니아 또는 슬라보니아를 가리킨다. 발칸반도 서쪽 지역인 일리리아 지방을 착오로 그렇게 부른 것이다.

10 페르티낙스가 죽은 뒤 193년 3월 28일에 황제가 된 디디우스 율리아누스는 겨우 두 달 남짓 지난 6월 1일 세베루스의 병사들에게 살해당했다.

11 페스켄니우스 니게르(135?-194)는 193년 페르티낙스가 살해당한 뒤 안티오키아의 군단들에 의해 황제로 추대되었으나 세베루스에게 패한 뒤 달아나다가 살해당했다.

12 클로디우스 알비누스(150?-197)는 193년 페르티낙스가 살해당한 뒤 히스파니아의 군단들에 의해 황제로 추대되었으나 그도 결국 세베루스에게 패한 뒤 처형당했다.

13 안토니누스 카라칼라는 아버지를 따라 갈리아 지방에서 어린 시절을 보낼 때 소매가 길고 두건이 달린 그 지역의 전통 옷 '카라칼라'를 입고 다녔기 때문에 그런 별명을 얻었다. 가장 잔혹한 황제 중 하나로 알려진 그는 동생 게타와 함께 로마 제국의 공동 황제가 되었으나 권력을 독차지하기 위해 게타를 죽였고 그 외에도 수많은 살인을 저질렀다. 그러면서도 인기를 얻고자 로마에 대규모 목욕장을 건설하기도 했다. 그도 결국 나중에 황제가 된 호위대 대장 마크로비우스의 음모로 호위병들의 손에 죽었다.

14 원문은 principato, 즉 "군주의 지위" 또는 "군주권"으로 되어 있다.

15 콤모두스는 아버지 마르쿠스 아우렐리우스의 뒤를 이어 황제가 되었는

데, 천박하고 난폭한 성격으로 악명이 높았으며 결국 암살당했다.

16　막시미누스는 그리스 트라케 지방 출신의 평범한 병사에서 황제의 자리 까지 올라갔다. 그래서 사람들은 그를 "막시미누스 트락스", 즉 "트라케 사 람 막시미누스"라고 부르기도 했다. 그는 오늘날 독일의 마인츠에 해당하 는 지역에서 주둔하고 있을 때 황제로 추대되었는데, 로마에 가지도 않고 통치했으며, 원로원과 시민이 그에게 반기를 들자 로마를 향해 진군하는 도중 살해당했다.

17　트라케(라틴어로는 트라키아)는 현재의 그리스 북동부, 불가리아 남부, 터 키의 유럽 영토에 해당하는 지역이다.

18　아퀼레이아는 이탈리아 동북부 끝 아드리아해 연안에 로마인들이 건설한 도시다.

19　원문은 al Turco et al Soldano, 즉 "튀르크 사람과 술탄"으로 되어 있다. "튀 르크 사람"은 앞에서와 마찬가지로 오스만 제국의 술탄을 가리키는데, 당 시의 술탄은 메메트 2세의 손자 셀림 1세(재위 1512-1520)였다. 그리고 "술탄"은 이집트의 술탄을 가리킨다. 이집트는 1517년 셀림 1세의 오스만 제국에 병합되었다.

20　오스만 제국의 유명한 부대 예니체리를 가리킨다. 그들은 황제의 직속 호 위대이면서 동시에 군대의 정예 부대로 활약했다.

20장 | 요새를 구축하는 일과 군주가 매일 하는 많은 일은 유익한가 아니면 무익 한가

1　피렌체는 종속된 도시 피스토이아를 장악하고자 당파들 사이의 분열을

조장했다(17장 참조). 반면에 피사를 장악하기 위해서는 군사 작전이 필요 했다는 뜻이다.

2   15세기 후반까지 유지되었던 이탈리아의 세력 균형은 '위대한 자' 로렌초 의 죽음 이후 무너졌다(11장 참조).

3   이탈리아 도시들은 13세기 초반부터 '겔프'(Guelf)와 '기벨린'(Ghibelline)의 두 당파로 분열되어 정쟁에 시달리고 있었는데 이는 교황과 신성 로마 제 국 황제 사이의 갈등에서 비롯된 분열이었다. 일반적으로 겔프는 교황파, 기벨린은 황제파라고 알려져 있지만, 도식적으로 나눌 수는 없으며 각 도 시의 상황에 따라 교황이나 황제에 대한 입장과 지지 여부가 자주 바뀌었 다. 이 용어는 원래 황제 자리를 두고 서로 패권을 다투던 독일의 두 가문 의 이름에서 나온 것으로 겔프는 바이에른 지방의 공작이었던 벨프(Welf) 가문에서, 기벨린은 호엔슈타우펜 가문의 옛 성(城) 이름인 바이블링겐 (Waiblingen)에서 유래했다. 이탈리아의 현상을 가리키는 용어로 정립된 터라 '궬피'(Guelfi)와 '기벨리니'(Ghibellini)로 옮길 수 있지만, 표준국어대 사전에 따라 '겔프'와 '기벨린'이라고 표기했다.

4   원문은 라틴어 praesertim이다.

5   당시 토스카나에서 가장 유명한 인물 중 하나인 판돌포 페트루치(1452- 1512)는 정적들을 물리치고 1500년 시에나의 영주가 되었다. 체사레 보르 자에게 대항하기 위한 마조네 음모(7장 참조)에 가담했으나 세니갈리아의 초대에 응하지 않고 시에나에서 도피함으로써 화를 면했다.

6   원문은 라틴어 ab antiquo다.

7   니콜로 비텔리(1414-1486)는 파올로와 비텔로초 형제의 아버지이며(7장

참조) 용병 대장으로 메디치 가문의 도움을 받아 페루자에 속하는 도시 치타디카스텔로의 영주가 되었다. 1474년 교황 식스투스 4세에 의해 영주 자리에서 쫓겨났지만 1482년 피렌체 사람들의 도움으로 복귀했고, 교황이 세운 요새 두 곳을 파괴했다.

8 구이도발도 다 몬테펠트로(1472-1508)는 1482년 아버지 페데리코의 뒤를 이어 우르비노 공작이 되었는데, 1502년 6월 체사레 보르자에게 쫓겨났다. 얼마 후 잠시 복귀했지만 세니갈리아의 참극(17장 참조) 뒤에 달아났고, 1503년 교황 알렉산데르 6세가 사망하자 다시 우르비노로 돌아왔다.

9 원문은 라틴어 funditus다.

10 원문을 직역하면 "다시 잃는 것이 더 어려울 것으로"라고 옮길 수 있다.

11 교황 율리우스 2세는 1506년 조반니 벤티볼리오를 쫓아내고 볼로냐를 점령한 뒤 갈리에라 성문에 요새를 만들었는데, 벤티볼리오 가문이 돌아와 파괴했다.

12 소위 카르텔로 스포르체스코, 즉 '스포르차의 성'으로 프란체스코 스포르차가 밀라노를 장악한 뒤 1450년에 재건축했다.

13 포를리와 이몰라의 영주 지롤라모 리아리오 백작의 아내였던 카테리나 스포르차를 가리킨다(3장 참조). 지롤라모 백작이 포를리의 음모자들에게 살해당한 뒤 그녀는 요새 안에서 숙부 루도비코 일 모로의 도움을 기다렸고, 다시 영주의 자리에 올랐다.

21장 | 군주가 탁월하다는 평가를 받으려면 어떻게 해야 하는가

1 '가톨릭 왕' 페란도 2세를 가리킨다.

2 그라나다는 스페인 남부의 도시로 8세기 초반부터 이슬람 세력이 지배했다. 이후 그리스도교 세력이 확장되면서 이베리아반도에서 마지막 이슬람 왕국으로 남아 있었다. 아라곤 왕국의 페란도 2세는 1479년 아버지의 뒤를 이어 왕위에 오른 뒤 곧바로 그라나다를 공격했다. 10여 년 넘게 이어진 전쟁 끝에 그는 1492년 1월 12일 그라나다를 무너뜨렸다.

3 원문은 ozioso, 즉 "게으르게" 또는 "한가하게"라고 되어 있는데, 커다란 부담이나 의무감 없이 전쟁을 시작했다는 뜻이다.

4 카스티야는 이베리아반도 중부 지방이다. 10세기 중반에 카스티야 왕국이 성립했고, 1469년 이사벨 여왕이 아라곤 왕 페란도 2세와 결혼하면서 훗날 스페인 왕국으로 통합되었다.

5 페란도 2세는 1509년 오랑에서 트리폴리까지 아프리카 서북부 해안을 점령했고, 1504년에는 나폴리 왕이 되었으며(1장 및 3장 참조), 1512년에는 이탈리아에서 '신성 동맹' 전쟁을 치르면서 동시에 피레네산맥의 나바라 왕국을 차지하고자 프랑스와 전쟁을 벌였다.

6 베르나보 비스콘티(1323-1385)는 1354년부터 두 형인 마테오 2세, 갈레아초 2세와 함께 밀라노의 공동 영주가 되었으며, 형들이 죽은 뒤 1378년부터는 혼자 통치했지만 1385년 조카 잔 갈레아초에 의해 투옥되어 살해당했다. 그는 기괴한 행동과 잔인한 성격으로 유명했는데, 한편으로는 역동적이고 효율적인 정치 역량을 보여준 인물로 평가된다.

7 원문은 라틴어로 되어 있는데 전문은 다음과 같다. Quod autem isti dicunt non interponendi vos bello, nihil magis alienum rebus vestries est; sine gratia, sine dignitate, praemium victoris eritis. 고대 로마의 뛰어난 역

사가 리비우스(기원전 59?-17?)의 방대한 저술 『로마사』(*Ab urbe condita*) 35권 49장 13절에 나오는 표현인데, 리비우스의 원래 문장과는 약간 다르다. 원래 문장은 다음과 같다. Nam quod optimum esse dicant, non interponendi vos bello, nihil immo tam alienum rebus vestris est; quippe sine gratia, sine dignitate, praemium victoris eritis.

8   원문은 prudenzia인데, 뒤이어 말하듯이 "현명합니다"로 옮길 수도 있다.

9   통사 구조상 우리말로 일목요연하게 옮기기 어려운 문장이라 조금 풀어서 옮겼다. 개략적으로 요약하면 다음과 같다. 약한 두 나라의 싸움에 강한 나라가 개입하면, 강한 나라가 지지하는 쪽이 필연적으로 승리할 것이고(따라서 약한 나라들은 서로 도와주는 것이 서로에게 유익할 것이다), 승리한 나라도 중간에 개입한 강한 나라의 눈치를 보지 않을 수 없을 것이며, 결과적으로 강한 나라만 이익을 얻게 된다는 뜻이다.

10 캉브레 동맹 전쟁에서 1512년 교황 율리우스 2세와 스페인의 페란도 2세가 롬바르디아를 공격했을 때 피렌체는 그들을 지지하지 않았으며, 그렇다고 프랑스의 루이 12세를 편들지도 않았다. 그렇게 불확실하고 어중간한 정책의 결과 피렌체 공화국은 스스로 몰락의 길을 향해 가게 되었다. 실제로 피사에서 프랑스 왕을 지지하는 추기경들의 모임을 허용했다가 교황으로부터 파문을 당했고, 카르도나의 라이몬도가 지휘하는 스페인 군대가 피렌체 공화국의 영토 안으로 들어와 프라토를 약탈했으며, 그들과 함께 메디치 가문이 복귀하면서 결국 공화국 체제가 무너졌다.

11 원문은 virtù인데 여기에서는 특히 예술이나 문학 분야의 '역량'을 의미하기 때문에 "재능"으로 옮겼다. 같은 맥락에서 virtuoso는 "재능 있는"으로

옮겼다.

12 원문은 arte인데, 일반적으로 '예술'을 의미하지만, 원래 '기술', '기예', '재주'를 뜻하는 라틴어 ars에서 나온 용어다. 중세의 전형적인 동업 조합 또는 길드는 정치적으로나 사회적으로 중요한 역할을 했다.

13 원문은 tribù인데 고대 로마의 트리부스(tribus), 즉 행정이나 재정, 군사적인 측면에서 시민들을 분류한 집단을 가리키는 용어에서 나온 말이다. 그런 로마 전통의 흔적은 중세 이탈리아 도시들에서 다양한 방법으로 구역들을 나눌 때 찾아볼 수 있었다.

22장 | 군주가 곁에 데리고 있는 관리들에 대하여

1 원문은 ministro이며 '어떤 임무를 수행하는 사람'을 가리킨다. 현대에는 주로 '장관'을 의미하지만, 여기에서는 이 장의 제목이 암시하듯 군주의 '비밀'에 속하는 일까지 관장하는 사람, 즉 '비서' 역할도 하는 사람을 가리킨다. 그런 점을 고려하면 "신하" 또는 "가신"으로 옮길 수도 있다.

2 안토니오 조르다노 또는 베나프로 사람 안토니오(1459-1530)는 나폴리 근처 베나프로 출신의 법학자이면서 재판관이었다. 그는 시에나 대학교에서 법학을 강의했고, 나중에는 시에나의 영주 판돌포 페트루치의 법률 고문으로 활동했다.

3 원문은 lo stato d'uno이며 "한 군주의 나라", 즉 군주국을 가리킨다.

4 원문을 직역하면 "손안에 갖고 있는"이다.

23장 | 아첨꾼을 어떻게 피할 것인가

1   합스부르크 왕가 출신으로 1508년 신성 로마 제국의 황제가 된 막시밀리안 1세를 가리킨다.

2   이탈리아 동북부 트리에스테의 주교로 여러 차례 막시밀리안 1세 황제에게 사절로 파견되었던 루카 리날디(또는 라이날디)를 가리킨다. 마키아벨리는 1508년 피렌체 공화국의 사절로 막시밀리안 황제의 궁정에 파견되었을 때 그를 만났다.

3   원문은 senza dubio s'inganna, 즉 "(그렇게 생각하는 사람은) 의심할 바 없이 속게 됩니다"라고 되어 있다.

24장 | 왜 이탈리아 군주들은 나라를 잃었는가

1   기원전 197년 키노스케팔라이 전투에서 로마의 티투스 퀸크티우스에게 패배한 필리포스 5세를 가리킨다(3장 참조). 알렉산드로스 대왕의 아버지는 필리포스 2세다.

25장 | 행운은 인간사에서 얼마나 강하고, 인간은 행운에 어떻게 저항할 수 있는가

1   원문은 qualità, 즉 "자질" 혹은 "특성"으로 되어 있다.

2   짧은 재위 기간을 의미한다. 율리우스 2세는 10년 동안 교황으로 재위했고, 70세에 죽었다.

3   fortuna는 여성명사다.

4   원문은 volendola tenere sotto, 즉 "그녀를 아래에 두고 싶다면"이라고 되어 있다.

5 결론적으로 마키아벨리는 역량이 행운보다 우위에 있다고 강조한다. 그가 생각하는 역량은 행운의 흐름을 파악하고 붙잡아 활용할 수 있는 능력이기 때문이다.

26장 | 이탈리아를 장악하여 야만인들로부터 해방하라는 권고

1 1499년 밀라노 공국을 점령한 프랑스 군인들의 약탈을 가리킨다.

2 원문에 인용된 라틴어 구절은 iustum enim est bellum quibus necessarium, et pia arma ubi nulla nisi in armis spes est다. 리비우스의 『로마사』 9권 1절에 나오는 표현인데, 리비우스의 원래 문장은 다음과 같다. iustum est bellum, quibus necessarium, et pia arma, quibus nulla nisi in armis relinquitur spes.

3 모두 성경의 「출애굽기」에 기록된 기적이다.

4 원문은 membre, 즉 "팔다리", "사지"(四肢)라고 되어 있다. 이와 대비되는 "우두머리들"은 capi, 즉 "머리들"로 되어 있다.

5 르네상스 시대 이탈리아인들은 전투 능력이 탁월했으며 이는 훈련의 결과였다. 여기에서 마키아벨리는 1503년 2월 13일의 바를레타 결투를 상기하고 있다. 이탈리아 남동부 해안의 도시 바를레타에 주둔하고 있던 프랑스 군대의 장교가 연회에서 당시 스페인 군대와 동맹을 맺은 이탈리아 병사들의 용기와 기량을 비하하면서 언쟁이 시작되었다. 결국 프랑스 기사 13명과 이탈리아 기사 13명이 말을 타고 결투를 하기로 했는데, 패한 기사는 자신의 말과 갑옷 등 무장(武裝)과 상당한 금액의 몸값을 승리자에게 주기로 했다. 결투는 이탈리아 기사들의 일방적인 승리로 끝났다.

6 1495년 7월 6일 이탈리아 중북부 타로강 가의 포르노보에서 벌어진 전투에서 프랑스 왕 샤를 8세는 이탈리아 연합 군대를 뚫고 탈출하는 데 성공했다. 북부의 도시 알레산드리아는 1499년 프랑스 군대에게 포위되었을 때 밀라노 군대가 떠나는 바람에 함락되었다. 남부의 카푸아는 1501년 프랑스 군대에 저항했으나 함락되었고, 제노바는 1507년 루이 12세에게 정복당했다. 볼로냐는 1511년 교황청 군대가 장악했으나 프랑스 군대가 다가오자 달아났다. 베네치아의 육지 거점 도시인 메스트레는 1513년 스페인 군대에 점령되었다. 바일라 전투에 대해서는 12장을 참조하라.

7 원문은 provincie, 즉 "지방들"로 되어 있다.

8 르네상스 시대 최고의 시인 프란체스코 페트라르카(1304-1374)의 시집 『칸초니에레』(*Canzoniere*)에 실린 128번째 작품, "나의 이탈리아"(*Italia mia*)로 시작되는 칸초네의 93-96행 구절이다. 모두 122행으로 이루어진 이 시에서 페트라르카는 당시 이탈리아의 여러 아름다운 도시들이 복잡한 정치의 소용돌이에 휘말려 서로 싸우는 불합리하고 어리석은 상황을 비판하면서, 이탈리아가 과거의 영광과 평화를 되찾길 기원하고 있다.

해제
∞∞∞∞∞

김운찬

1. 저자의 생애

니콜로 마키아벨리(Niccolò Machiavelli, 1469-1527)는 1469년 5월 3일 피렌체에서 태어났다. 그의 집안은 유력한 명문가와 거리가 멀었지만, 그렇다고 그가 이름 없는 가문의 후손은 아니다. 법학 박사인 아버지 베르나르도 디 니콜로 마키아벨리(Bernardo di Niccolò Machiavelli, 1432-1500)는 법률가로 일한 적이 별로 없었다. 대신 회계사로 일하면서 빠듯하게 생활했던 것으로 보인다. 위로 누나 두 명이 있었고, 1475년에 남동생이 태어났다. 어렸을 때 라틴어를 배워서 고전 작품을 읽었으며, 비록 그리스어는 몰랐지만 라틴어로 번역된 고대 그리스 사상가들의 작품을 탐독한 것으로 보인다. 그가 젊은 시절 어떻게 생활했는지는 분명하게 알려지지 않았다.

마키아벨리는 29세가 되던 1498년 6월, 피렌체 공화국 제2 서기국의 서기로 발탁되었다(일부 번역본은 "서기장"으로 옮겼지만 그냥 "서기"라고 해도 무방할 것이다). 바로 전달에는 1490년대 중반부터 강렬하고 열성적인 설교로 피렌체에 한차례 광풍을 불러일으켰던 페라라 출신의 도미니쿠스회 수도자 지롤라모 사보나롤라(1452-1498)가 화형을 당했다. 당시 피렌체는 1494년에 메디치 가문이 쫓겨난 뒤 공화정 체제로 운영되고 있었다.

정부의 서기가 된 뒤로 마키아벨리는 몹시 분주하게 생활했다. 당시 제1 서기국은 대외 관계와 외교 서신을 담당하고, 제2 서기국은 국내 문제와 전쟁을 담당하는 것으로 알려졌지만, 실제로 두 부서의 업무는 서로 뒤바뀌거나 겹칠 때가 많았으며, 그때그때의 상황에 따라 임무가 주어졌다. 마키아벨리가 맡은 일은 대부분 외교 업무였다. 그는 1499년 3월에는 피렌체와 피사의 전쟁 문제로 피옴비노의 영주이며 당시 피렌체를 위해 일했던 용병대장 야코포 다 피아노에게 파견되었다. 이 일을 시작으로 이탈리아 중북부의 여러 도시와 로마의 교황청, 프랑스 왕 루이 12세(재위 1498-1515)의 궁정과 신성 로마 제국의 황제 막시밀리안 1세(재위 1508-1519)의 궁정에 파견되었다. 루이 12세의 궁정에는 네 차례나 파견되었다. 마키아벨리는 파견의 경과와 성과를 문서로 작성해서 피렌체 정부에 보고했는데, 그의 보고서는 명쾌하고 날카로운 판단력과 직설적인 문체로 유명했다.

마키아벨리는 파견지에서 여러 인물을 만나며 정치의 생생한 모습을 직시하게 되었다. 특히 스페인 출신 교황 알렉산데르 6세(재위 1492-1503)의 아들인 체사레 보르자(1475-1507)와 세 차례 만났는데, 그 만남은 마키아벨리에게 강렬한 인상을 남겼다. 『군주론』의 모델이기도 한 그의 잔인하고 냉혹한 모습을 통해 마키아벨리는 정치와 권력의 속성을 새롭게 인식하고 이탈리아가 처한 현실을 냉철한 시선으로 바라보게 되었다.

그렇게 피렌체 정부의 서기로 바쁜 나날을 보내던 마키아벨리는 1512년 주변 강대 세력들의 다툼에서 비롯된 커다란 변화에 직면했다. 교황 율리우스 2세(재위 1503-1513)의 '신성 동맹'에 프랑스가 패했는데, 그 결과 피렌체 공화국 정부에 우호적이던 프랑스 군대가 이탈리아에서 퇴각했고, 8월에는 메디치 가문이 스페인 군대와 함께 피렌체로 복귀했다. 메디치 가문을 수장으로 하는 피렌체 정부는 11월 7일 마키아벨리를 제2 서기국 서기 직위에서 해임했으며, 앞으로 1년 동안 피렌체 영토를 떠나지 말고 금화 1천 피오리노(fiorino)를 보증금으로 내라고 명령했다.

불행은 그것으로 끝나지 않았다. 1513년 2월에 카포니와 보스콜리의 주도로 메디치 가문에 대항하려는 음모가 발각되었는데, 마키아벨리도 이 일에 연루되었다는 혐의로 체포되어 심한 고문을 당하고 투옥되었다. 다음 달인 3월 11일 메디치 가문의 조반니 추기경이 교황 레오 10세(재위 1513-1521)로 선출되자 즉위를 축하하는 대사면이 내려졌고 덕분에 마키아벨리는 석방되었다. 이후 그는 피렌체 남쪽의 작은 마을 산탄드레아 인 페르쿠시나의 농장에서 생활하게 되었다.

감옥에서 나온 뒤에는 집필 활동에 몰두했으며, 마키아벨리의 주요 저술은 바로 그 시기에 탄생했다. 단테(1265-1321)와 마찬가지로 강요된 은퇴 생활이 위대한 걸작 탄생의 밑거름이 된 것이다. 1513년 7월에서 12월 사이에 『군주론』 초고를 완성했고, 1513년에서 1519년까지는 『티투스 리비우스의 로마사 처음 10권에 대한 논고』(Discorsi sopra la prima deca di Tito Livio)를 집필했다(줄여서 『로마사 논고』). 1521년 8월에는 『전술론』(Arte della guerra)이 출판되었는데, 이는 마키아벨리가 죽기 전에 출판된 유일한 저술이다. 1520년에서 1525년에는 나중에 교황 클레멘스 7세(재위 1523-1534)로 선출된 메디치 가문의 줄리오에게 위임을 받아 『피렌체의 역사』(Istorie fiorentine)를 집필했다. 그 외에도 희곡 〈만드라골라〉(Mandragola, 1518)와 〈클리치아〉(Clizia, 1525), 풍자시 〈황금 당나귀〉(L'asino d'oro, 1517) 등의 문학작품을 썼다.

아울러 공직에 복귀하려고 다방면으로 애썼다. 메디치 가문의 환심을 얻으려고 『군주론』을 로렌초(1492-1519)에게 헌정하기도 했다. 하지만 그의 노력은 허사로 돌아갔다. 그러던 중 1527년, 다시 한번 급격한 변화가 피렌체를 휩쓸었다. 5월에 신성 로마 제국 황제 카를 5세(재위 1519-1556)의 독일 병사들이 무자비하게 로마를 약탈했고, 산탄젤로성에 피신해 있던 교황 클레멘스 7세가 붙잡혀 포로가 되었으며 메디치 가문이 다시 피렌체에서 쫓겨난 것

마키아벨리의 무덤(Philip Bird LRPS CPAGB / Shutterstock.com)

조각가 이노센조 스피나치가 1787년에 만든 작품이다. 석관에 앉아 있는 여인은 오른손에 마키아벨리의 얼굴이 새겨진 메달을 들었고, 그녀의 왼쪽에는 균형을 상징하는 저울이 있다. 묘비에는 "어떤 찬사도 그의 이름과 견줄 수 없다"(TANTO NOMINI NULLUM PAR ELOGIUM)라는 찬사가 새겨져 있다.

이다. 하지만 다시 복귀한 피렌체 공화국은 마키아벨리 대신 다른 사람을 서기국 책임자로 임명했다. 그동안 마키아벨리가 메디치 가문의 호의를 얻고자 노력한 것이 영향을 주었을 수도 있다. 그 일에 충격을 받아서인지 마키아벨리는 병들어 눕게 되었는데, 위궤양 또는 만성 충수염이 급성 복막염으로 번진 것으로 추정된다. 결국 병석에서 일어나지 못한 마키아벨리는 6월 21일 죽었고, 이튿날 피렌

군주론

체의 산타 크로체 성당에 묻혔다.

2. 『군주론』에 대하여

(1) 집필 시기와 판본

공직에서 물러난 마키아벨리가 시골에 파묻혀 생활하면서 처음 집필한 책이 『군주론』이다. 마키아벨리는 가까운 친구이면서 피렌체의 정치가요 외교관이었던 프란체스코 베토리(1474-1539)와 종종 편지를 주고받았는데, 그가 1513년 12월 10일 베토리에게 보낸 편지에는 『군주론』과 관련된 중요한 정보가 담겨 있다. 무엇보다 "소책자"(opùscolo) *De principatibus*를 완성했다고 말했는데, 이는 『군주론』의 원래 제목을 라틴어로 표기한 것이다. 라틴어 principatus는 '군주국', '군주정' 또는 '군주권'을 의미하기 때문에 원제를 직역하면 『군주국에 대하여』나 『군주정에 대하여』 정도가 될 것이다. 마키아벨리는 책의 주제와 관련하여 "군주국이란 무엇인가, 어떤 종류가 있는가, 어떻게 획득되는가, 어떻게 유지되는가, 잃는 이유는 무엇인가"에 대해서 깊이 있게 논의했다고 밝혔다.

　『군주론』의 정확한 집필 시기를 알 수 없지만 아마 1513년 7월에서 12월 사이에 초고를 마무리한 것으로 짐작된다. 그리고 본문의 일부 내용으로 미루어볼 때 훗날 전면적인 개정 작업은 아닐지라도 약간은 수정했을 것으로 추정되지만, 구체적인 내용은 정확하게 알 수 없다.

같은 편지에서 마키아벨리는 『군주론』을 메디치 가문의 '위대한 자' 로렌초(Lorenzo il Magnifico, 1449-1492)의 셋째 아들 줄리아노(1479-1516)에게 헌정하고 싶다는 의견을 밝혔다. 1512년 메디치 가문이 피렌체로 돌아온 후 줄리아노는 이듬해 교황 레오 10세로 선출될 둘째 형 조반니를 대신해서 피렌체의 실질적인 영주 역할을 했다. 그런데 마키아벨리는 줄리아노가 자신의 책을 읽지 않을 것 같다는 의구심을 드러냈고, 결국 줄리아노의 첫째 형 피에로(1472-1503)의 아들 로렌초에게 헌정하기로 마음먹었다. 그가 헌정 대상을 언제 로렌초로 바꾸었는지 정확한 시기는 알 수 없지만, 로렌초가 1513년부터 피렌체를 다스렸고 줄리아노가 1516년 갑자기 죽은 것과도 관련이 있다고 추정된다.

아쉽게도 마키아벨리의 자필 원고는 전해지지 않는다. 반면 다양한 필사본이 유포된 것으로 보인다. 1523년에는 『군주론』을 표절했다고 평가받는 피사 대학교 교수 아고스티노 니포의 『통치술』(De regnandi peritia)이 출판되기도 했다.

『군주론』의 최초 인쇄본은 마키아벨리가 죽고 나서 5년이 지난 1532년에 출판업자 안토니오 블라도(1490-1567)가 로마에서 출판한 것이다. 블라도는 제목을 라틴어 복수형 De principatibus에서 이탈리아어 단수형 Il principe로 바꾸었으며, 내용도 상당 부분 수정했다. 지금까지 전해지는 필사본 중에서 대략 19가지 정도는 1532년 인쇄본과 별개로 제작된 것이며, 그중 일부는 마키아벨리

『군주론』의 1532년 인쇄본(좌)과 1550년 인쇄본(우)

가 죽기 전에 제작된 것으로 보인다. 그리고 약 20여 종의 다른 필사본은 인쇄본을 그대로 옮겼다고 추정된다.

(2)『군주론』을 둘러싼 논쟁

『군주론』은 가장 논쟁적인 저술 가운데 하나다. 이는 소위 마키아벨리즘(Machiavellism)이라는 용어에서 단적으로 드러난다. 누군가는『군주론』의 핵심 내용이 정치적 기회주의라고 해석한다. 군주 또는 통치자는 권력을 장악하고 유지하기 위해 수단과 방법을 가리지 않아도 되며, 필요하다면 잔인하고 교활한 술수까지 활용하라고 권유한다는 것이다. 특히 15장부터 18장에서 논의하는 내용을 토대로 그렇게 해석하는데, 비평가 데 상크티스(1817-1883)는 그런 관념을 "결과가 수단을 정당화한다"(il fine giustifica i mezzi)라는 격언 같은 표현으로 요약했다(여기에서 il fine는 '목적'으로 볼 수도 있고 실제로 일부에서 그렇게 번역하기도 하지만, 근거가 되는 18장의 맥락을 고려하면 '결과'로 보는 것이 타당하다).

얼핏 보면 그런 해석이 정당해 보인다. 텍스트에서 명시적으로 말하는 내용이기 때문이다. "군주는 권력을 유지하기 위해 '사자'와 '여우'의 방법을 활용할 줄 알아야 하고, 때로는 윤리적 규범과 어긋나는 일도 할 수 있어야 한다." 마키아벨리는 세부 사례까지 제시하면서 그런 지침들을 제시하고 있는데, 일부 통치자에게는 솔깃한 내용이다. 또한 정치와 권력의 속성을 날것 그대로 보여준다.

정치는 윤리나 도덕과 어울리지 않을 수도 있다는 관념은 마키아벨리와 『군주론』을 부정적으로 평가하는 주요 근거가 되었다. 책이 나오면서 곧바로 그런 비판이 시작되었고 상당히 오래 이어졌다. 그런 이유 때문인지 『군주론』은 1559년 교황청에서 처음 제정한 금서목록(Index Librorum Prohibitorum)에 포함되었다.

하지만 그런 해석에 대해 다양한 반론이 제시되었다. 예를 들어, 그런 주장은 부도덕한 방법까지 동원해 권력을 장악하고 유지하는 군주를 경계하고 조심하라는 역설적인 권유라고 해석하기도 한다. 이는 마키아벨리가 『티투스 리비우스의 로마사 처음 10권에 대한 논고』에서 분명하게 보여주듯이, 군주정보다 공화정이 더 바람직한 통치 체제라고 생각했다는 사실에 기반한 해석이다. 그리고 그가 공화정 체제의 피렌체 정부에서 서기로 일했던 것과도 밀접한 관련이 있다.

다른 한편으로 마키아벨리는 어떤 수단을 쓰더라도 강력하고 역량 있는 군주가 이탈리아에 등장하기를 바랐다. 7장에서 구체적인 사례를 들며 이야기하듯이, 냉정하고 잔인한 인물로 알려져 있던 체사레 보르자를 긍정적으로 평가하고 이상적인 군주의 모델로 삼은 것이 증거다. 그의 염원은 마지막 26장에서 감동적인 어조로 메디치 가문을 향해 이탈리아를 장악해서 야만인들로부터 해방시키라고 호소하는 점에서도 명백하게 드러난다. 그렇게 한 이유는 당시 이탈리아의 정치 상황이 무척 혼란스러웠기 때문이다. 르네상스가 절정기에 도달했을 무렵 이탈리아는 크고 작은 여러 나라들로 분열되어 힘겨루기를 했으며, 내부의 혼란을 틈타 프랑스와 스페인, 신성 로마 제국 같은 외부 세력이 군대를 이끌고 내정에 개입했다. 마키아벨리는 이탈리아가 외세의 지배에서 벗어나고 통일을 이룰 수 있는 유일한 대책은 강력한 군주가 출현하는 것이라고 믿고 그렇게 되기를 기대했다.

5세기에 서로마 제국이 몰락한 이후부터 이탈리아반도는 여러 나라로 분열되었고 이런 일은 중부와 북부 지역에서 특히 심했다. 도시 규모의 작은 나라도 많았다. 그 결과 전쟁이 끊이지 않았으며, 각 나라의 정치는 치열한 당파 싸움으로 얼룩져 있었다. 13세기 초반부터 이미 대다수 도시는 겔프(궬피)와 기벨린(기벨리니)의 두 당파로 분열되어 싸웠는데, 이는 교황과 신성 로마 제국 황제 사이의 갈등에서 비롯된 파벌이었다. 겔프는 교황파, 기벨린은 황제파라고 알려져 있지만 도식적으로 나눌 수 없고 상황에 따라 교황이나 황제에 대한 지지가 자주 바뀌었다. 거기에다 유력한 가문들 사이의 갈등과 싸움이 더해졌고, 그렇게 복잡하면서도 혼란스러운 시대 상황 속에서 외국의 강력한 세력들이 서서히 이탈리아를 지배해나갔다. 나중에는 베네치아 공화국과 교황령 그리고 다른 지역 일부만 독립 상태로 남게 되었다.

당시 이탈리아가 그처럼 암울한 상황으로 전락한 것에 대해서는 마키아벨리 이전부터 여러 문인이 지적한 바 있다. 단테는 『신곡』에서 비통한 어조로 "아, 노예 이탈리아여, 고통의 여인숙이여, / 거대한 폭풍우 속에 사공 없는 배여, / 정숙한 시골 여인이 아닌 갈보 집이여"(「연옥」 6곡 74-76행)라고 노래하면서 한탄했다. 마키아벨리가 『군주론』을 마무리하면서 인용하는 프란체스코 페트라르카(1304-1374)도 마찬가지였다. 페트라르카는 시집 『칸초니에레』(*Canzoniere*)에 수록된 여러 작품에서 당시 이탈리아의 아름다운 도시들이 복잡한 정치 싸움의 소용돌이에 휘말려 서로 싸우는, 불합리하고 어리석은 상황을 비판하면서 이탈리아가 과거의 영광과 평화를 되찾길 기원했다.

이탈리아가 분열되어 서로 싸우고, 외세의 지배에 시달리게 된 원인에 대해서는 다양한 해석이 있다. 12장에서 용병 군대에 대해 논의한 내용을 보면, 마키아벨리는 그것이 교황과 황제 모두의 책임이라고 생각하는 듯하다. 신성 로마 제국 황제의 무관심과 교황청의 부당한 개입 때문에 그런 일이 벌어졌다는 것인데, 이는 바로 단테가 주장한 관념이었다. 실제로 로마 교황청 입장에서는 이탈리아가 하나로 통일되어 강성해지는 것보다 여러 나라로 분열되어 경쟁하거나 싸우는 것이 자기들의 영향력을 행사하기에 더 바람직했을 것이다.

어떠한 이유 때문이든 마키아벨리 당시의 이탈리아는 분열된 채로 외국 세력에게 시달리고 있었다. 르네상스의 화려한 꽃을 피운 '꽃의 도시' 피렌체(Firenze라는 이름은 꽃을 뜻하는 fiore에서 유래했다)도 예외는 아니었다. 피렌체는 12세기 초반부터 대부분의 중북부 지방 도시들과 마찬가지로 자율적인 코무네(Comune) 체제로 운영되었다. 코무네란 시민이 선출한 대표자가 일정한 임기 동안 통치하는 공화정 체제였다. 일부에서는 "자치 도시"라고 번역하기도 하는데, 지금은 자치 단체의 최소 단위를 가리키는 말로, 우리나라의 시(市)나 읍(邑), 면(面)과 비슷하다. 그렇지만 13세기부터 내부적으로 겔프와 기벨린 간의 당파 싸움이 치열하게 전개되었고, 겔프당은 다시 두 파벌로 분열되어 싸웠다. 단테는 그런 당파 싸움에 휘말려 망명의 길을 떠난 것이다.

그러다가 15세기 중반부터 메디치 가문이 지배하는 시뇨리아(Signoria) 체제로 서서히 넘어가기 시작하였다. 시뇨리아는 '주인' 또는 '영주'를 뜻하는 시뇨레(signore)에서 유래한 말로 "영주 체제" 또는 "영주정"으로 옮길 수 있다. 농촌을 중심으로 하는 봉건 영주 체제와 구별되는 도시 영주 체제(Signoria cittadina)는 13세기 말부터 이탈리아 중북부에서 발전한 정치 제도였다. 도시의 유력 가문이 영주가 되어 지배하기 때문에 공화정 체제와 대립된다. 문자 그대로 한 사람의 영주가 지배하는 것이 특징이며 결과적으로 군주정과 유사하거나 같은 개념으로 볼 수 있다.

15세기 중반부터 피렌체를 실질적으로 지배한 인물은 '위대한 자' 로렌초였다. 그는 르네상스의 발전과 함께 피렌체가 전성기를 누리도록 이끌었다. 그뿐만 아니라 이탈리아 반도의 다른 나라들에도 영향력을 행사했는데, 그는 주요 강대 세력들이 타협을 통해 힘의 균형을 유지하도록 함으로써 외세의 개입을 저지했다. 『군주론』에서 암시한 것처럼 마키아벨리는 그것이 바로 '위대한 자' 로렌초의 현명한 정책이라고 생각했다.

1492년 '위대한 자' 로렌초가 죽으면서 상황은 급변하기 시작하였다. 로렌초의 장남 피에로는 "바보"(il Fatuo) 또는 "불운한 자"(lo Sfortunato)라는 별명에서 드러나듯이 무능한 사람이었다. 더구나 그 무렵 사보나롤라의 열광적인 설교가 시민들의 마음을 사로잡으면서 1494년에 메디치 가문이 쫓겨났으며, 피렌체는 공화정 체제로 전환되었다. 그렇게 세워진 공화정 정부에서 마키아벨리는 1498년 제2 서기국의 서기로 발탁된 것이다. 그러다가 국내외 정세가 격렬하게 소용돌이를 치는 가운데 1512년에 메디치 가문이 돌아오자 피렌체는 시뇨리아 체제로 돌아갔다. 하지만 1527년 메디치 가문은 또다시 쫓겨나고 말았다.

그렇게 혼란스러운 변화와 그에 따른 예기치 못한 불행을 마키아벨리는 직접 몸으로 겪었다. 그뿐만 아니라 공직에 있는 동안 여러 곳에 파견되어 많은 사람을 만나고 다양한 정치권력의 현장을 직접 보고 들을 수 있었다. 이런 경험을 토대로 그는 이탈리아의 미래를 위해 수단과 방법을 가리지 않더라도 이탈리아 전체를 장악할 수 있는 강력한 군주를 염원하게 되었다. 이와 같은 마키아벨리의 희망은 훗날 리소르지멘토(Risorgimento), 즉 이탈리아 통일 운동으로 결집되고 구체화되었다. 그렇지만 19세기 후반이 되어서야 결실을 보게 되었으니, 1861년 마침내 외세의 지배에서 벗어나 하나로 통일된 이탈리아 왕국이 탄생한 것이다.

이렇게 거시적인 관점에서 이탈리아의 변천 과정을 살펴보면, 강력한 군주가 나타나 이탈리아 전체를 장악하고 외세의 지배에서 해방하기를 바라는 마키아벨리의 심정을 이해할 수 있을 것이다.

그렇다고 『군주론』에서 논의되는 통치자의 모습과 관련된 논란이 완전히 해소되는 것은 아니다. 마키아벨리가 『군주론』에서 펼치는 분석과 주장에 대해서는 언제나 다른 관점으로 접근해볼 수 있으며, 따라서 새롭게 해석할 가능성은 활짝 열려 있다. 움베르토 에코(1932-2016)의 표현을 빌리자면 『군주론』은 또 다른 해석을 향해 "열린 작품"이다.

아울러 그런 맥락에서 보면 우리나라 상황에 마키아벨리의 논쟁적인 주장을 대입해볼 수 있다. 물론 우리나라와 이탈리아는 역사도 다르고 지정학적 상황도 차이가 있다. 하지만 남과 북으로 나뉘어 대립하고 있는 데다가 주변 강대국들의 이해 다툼 사이에 끼어 있는 우리 상황은 분명 분열과 외세의 입김에 시달리는 당시 이 탈리아와 비교할 수 있다. 그런 면으로 볼 때 『군주론』이 역설하는 내용은 한민족의 통일을 준비하는 과정에서 고려해볼 만한 가치가 충분하다고 생각한다.

다른 한편으로 이런 시도는 과거의 사례에서 현재의 문제를 해결하기 위한 일종의 지침을 찾아보려는 마키아벨리의 역사관과도 연결되어 있다. 실제로 『군주론』은 정치적 맥락뿐만 아니라 다른 관점에서도 암시하는 내용이 많은데, 특히 역사에 대한 마키아벨리의 인식과 관념은 고대 그리스와 로마 통치자들의 사례를 자주 인용하는 것에서 확인할 수 있다. 마키아벨리는 역사적 선례를 스승으로 삼아 당면한 현재 문제의 해결책을 찾을 수 있다고 생각했다. 이런 확신은 헌정의 글에서도 분명하게 드러난다. 그는 역사를 통하여 얻은 "위대한 인물들의 행위에 대한 지식"이 자신에게는 가장 귀중하고 가치 있는 것이라고 말한다. 그리고 같은 맥락에서 군주는 역사서를 읽어야 한다고 강조한다(14장).

『군주론』은 사람의 심리와 삶의 현실에 관해서도 이야기한다. 인간, 특히 민중의 심리를 적나라하고 직설적인 어조로 비판하며 인간 사회에서 어떻게 살아갈 것인지에 대한 충고와 지침을 제시한다. 당연하겠지만 이런 내용은 군주에게만 해당하지 않는다. "사람들은 대체로 감사할 줄 모르고, 변덕스러우며, 위선적인 데다 위험을 피하려 하고, 탐욕스럽게 이익을 얻으려 하기 때문"(17장)에 "모든 부분에서 착한 일을 하려는 사람이 그렇지 않은 다수 사이에서 파멸하기 마련"(15장)이라는 주장을 예로 들 수 있다.

마키아벨리는 군주를 비롯한 모든 사람의 삶에 영향을 주는 두 가지 요인으로 "행운(또는 운명)"(fortuna)과 "역량"(virtù)을 드는데, 행운의 변화에 적절하게 대처하는 것도 역량이라고 주장한다. 행운은 인간의 역량을 넘어선 것처럼 보이지만, 인간이 행운의 변화에 어떻게 대처하는지에 따라 결과가 달라질 수 있다. 그러면서 행운을 붙잡고 장악하기를 원한다면 과감하고 대담하게 도전해야 한다고 역설한다. "행운은 여자라서 그녀를 지배하고 싶다면 때리고 세게 부딪칠 필요가 있기 때문"이다(25장). 행운이 여자라는 말은 이탈리아어에서 fortuna가 여성명사이기 때문이다. 또한 여자이기 때문에 행운은 충동적이고 대담한 젊은이들에게 우호적이라고 단언하는데, 이는 젊은이들의 도전 정신을 강조하는 것으로 해석할 수도 있다.

『군주론』에는 비판받을 만한 내용도 있다. 가장 두드러지는 것이 민중과 여성에 대한 폄하 그리고 비난이다. 물론 이런 생각은 마키아벨리에게만 해당되는 것이 아니라 중세와 르네상스 시대 유럽 사람들의 일반적인 관념이었다. 예를 들면 단테와 페트라르카의 글에서도 쉽게 찾아볼 수 있다. 어쨌든 그처럼 편협한 관념에 대한 비판은 여러 가지 측면으로 볼 때 필요한 작업이 될 것이다.

이렇게 다양한 입장과 관점에서 접근할수록 『군주론』이 함축하는 의미의 폭은 넓어질 것이며, 새로운 해석으로 풍요로워질 수 있을 것이다. 고전으로서 『군주론』은 분명 그런 가능성을 열어두고 있다. 마키아벨리즘이라는 개념을 둘러싼 다양한 논쟁이 구체적인 증거다. 그 밖에 행운과 역량에 대한 단언들, 역사관, 인간의 본성에 대한 부정적 견해 등과 관련해서도 서로 다른 시각에서 접근해볼 수 있다. 이렇듯 다양한 읽기가 계속 이어질 때 『군주론』의 또 다른 모습이 드러날 것이다. 고전 읽기의 즐거움은 바로 여기에서 찾아볼 수 있다.

3. 역자 후기

마키아벨리의 『군주론』을 새로 번역하자는 권유를 받았을 때 선뜻 대답하지 못했다. 시중에 이미 다양한 번역본이 있고 학자들의 저술과 논문도 꽤 많은 터라 불필요한 사족을 덧붙이는 게 아닐까 염려되었기 때문이다. 하지만 잠시 고민하다가 도전해보기로 마음먹었다. 모든 번역은 나름의 원전 해석을 토대로 새로운 의미를 찾는 작업과 연결되어 있으며, 발터 벤야민(1892-1940)이 말했듯이 고전 작품처럼 다채로운 의미로 가득한 저술은 번역을 거쳐서 언제나 새롭고 최종적이며 가장 포괄적인 발전 단계에 이를 수 있다고 생각했기 때문이다. 새 번역은 기존의 노고가 이룬 성과를 더욱더 풍요롭게 만드는 작업이 될 수 있다. 세계에서 가장 많이 번역된 책인 『성경』을 예로 들 수 있을 것이다.

고전을 새롭게 번역하는 것이니만큼 마키아벨리의 저술에 함축된 의미의 폭을 넓히는 데 조금이라도 기여해야 한다고 생각했다. 그러기 위해서 무엇보다 마키아벨리의 원전을 꼼꼼하게 다시 읽어본다는 생각으로 시작했다. 조르조 인글레세(Giorgio Inglese)가 편집한 판본(Einaudi, 2013)을 기준으로 삼았고, 루이지 피르포(Luigi Firpo)의 판본(Einaudi, 1961)과 페라린(A. R. Ferrarin)의 판본(Mursia, 1969)도 함께 참조했다. 인글레세의 판본은 무엇보다 상세한 해설이 돋보인다. 물론 이 세 가지 판본은 일부 내용과 표현이 조금씩 다르지만 크게 구별되는 것은 아니다. 낱말의 철자나 띄어쓰기, 문장 구분 등에서 드러나는 차이점 역시 연구자가 아닌 독자라면 무시해도 괜찮을 만한 수준이다. 다만 특정 용어나 구절에 대한 해석이 서로 다를 때는 기준으로 삼은 인글레세의 견해를 따랐음을 밝혀둔다. 아울러 기존의 우리말 번역본들을 비롯해 쿠엔틴 스키너(Quentin Skinner)와 러셀 프라이스(Russell Price)의 영어 번역본(Cambridge University Press, 1988)도 참조했다.

『군주론』의 문체는 직설적이고 군더더기 없이 본질에 집중하는 것으로 알려져 있다. 마키아벨리도 서두의 헌사에서 "과장된 문장이나 화려하고 웅장한 표현 또는 어색한 수식이나 장식으로" 꾸미지 않았다고 밝혔다. 그렇다고 해도 결코 쉬운 문장은 아니다. 5백여 년 전의 문투로 집필되었다는 사실을 비롯해 여러 가지 측면에서 마키아벨리의 저술은 신중하게 접근해야 한다. 가장 두드러진 특징은 자유분방한 표현이다. 논리적 맥락과 어울리지 않는 듯한 통사 구조, 현재와 과거 시제를 넘나드는 동사 변화, 주어의 생략이나 돌발적인 이동, 뚜렷한 개념 정의 없이 사용된 용어가 주는 혼란 등이 그렇다. 물론 자연스럽고 자유롭게 표현하려는 의도였겠지만 전체적인 의미와 논리적 맥락을 이해하기 위해서는 세심하게 주의를 기울이며 인내하는 자세가 필요하다.

그 외에도 우리말로 옮기는 과정에서 몇 가지 고려해야 할 점이 있었다. 원문에서는 종종 한 문장이 상당히 길고 복합적인 논리 구조로 짜여 있는데, 원문의 표현 방식을 존중하기 위해서 가능한 한 나누지 않고 한 문장으로 옮기려고 노력했다. 하지만 이탈리아어와 우리말의 통사 구조 및 사고방식의 차이 때문에 불가피하게 몇 문장으로 나누어 옮긴 부분도 많았다.

마키아벨리는 공직에 있는 동안 로마 교황청을 비롯한 이탈리아의 여러 도시와 프랑스 왕의 궁정, 신성 로마 제국 황제의 궁정에 수차례 파견되었고, 그곳에서 있었던 일을 기록하고 정리한 뒤 피렌체 정부에 서면으로 보고했다. 그런 영향 때문인지 당시 외교문서나 관공서의 보고서를 작성할 때 널리 쓰던 라틴어 표현과 용어가 『군주론』 곳곳에서 눈에 띈다. 예를 들면 "따라서", "그리하여", "왜냐하면", "또한", "그럼에도 불구하고", "그러니까" 등 다양한 접속사가 거의 모든 문장에 들어 있고 라틴어 관용구도 자주 등장한다. 두말할 필요 없이 이런 형식적인 문구와 어조도 텍스트의 일부가 분명하다. 따라서 약간 어색하거나 불필요해 보이더라도 원문의 표현을 충실하게 따르려고 했으며, 불가피한 경우에는 가독성을 고려하여 생략하거나 바꾸었다.

마키아벨리는『군주론』을 메디치 가문의 로렌초에게 헌정했기 때문에 그 점을 감안해 높임말로 옮겼다. 그리고 텍스트의 여러 곳에서 마치 대화를 나누는 것처럼 2인칭 단수와 복수 인칭대명사를 사용하면서 논의를 진행했는데, 그런 점을 고려할 때 높임말로 옮기는 것이 좋겠다고 생각했다.

문단 나누기는 참조한 판본마다 서로 다르고 기존 번역본들도 번역자나 편집자가 임의로 나눈 것이 눈에 띈다. 이 책에서는 인글레세 판본의 구성을 따랐는데, 너무 길어 보이는 문단도 있고 때로는 내용보다 편집의 짜임새를 위해 나눈 것처럼 보이는 부분도 있지만, 어찌 되었든 번역의 기준으로 삼은 인글레세의 의도를 존중하는 것이 바람직하다고 생각했다.

마지막으로 이 저술의 제목은 오래된 관용에 따라『군주론』으로 옮겼다. 일본식 번역을 따르지 않고 보편적으로 사용되는 이탈리아어 제목 *Il principe*에 충실하게『군주』로 옮기는 것도 고려해보았다. 곽준혁 교수는 마키아벨리의 정치사상에 관한 탁월한 저술『지배와 비지배』(민음사, 2013)에서 이미 그렇게 옮겼다. 그렇지만 이미『군주론』이라는 제목에 익숙해진 독자들을 고려하는 것이 좋겠다는 출판사의 의견을 존중하기로 했다. 만약 마키아벨리가 처음에 사용한 라틴어 제목 *De principatibus*를 충실하게 옮긴다면『군주국에 대하여』또는『군주정에 대하여』정도가 될 것이다.

정치학을 전공하지 않은 입장에서『군주론』을 번역하는 데 한계가 있을지 몰라 걱정하기도 했지만, 텍스트를 읽고 해석하는 동안 큰 어려움에 부딪힌 적은 없었다. 오히려 단테의 『신곡』과 『향연』 등 르네상스 시대 이탈리아의 대표적인 장편 서사시를 번역하면서 얻은 경험이 마키아벨리의 문체와 표현 방식을 이해하는 데 도움이 되었다. 그리고 『군주론』은 분명 정치 현실의 민낯을 파헤칠 뿐만 아니라 역사와 인간의 심리, 처세술 등에 대한 날카로운 성찰도 함께 담고 있다. 그런 의미에서 정치학자와 다른 눈으로 읽어볼 때 글에 함축된 의미를 새롭게 찾을 수 있다고 믿는다. 르네상스 시대에는 여러 분야를 넘나드는 천재들이 많았고, 마키아벨리 역시 정치학자이면서 역사학자요, 문학가였다는 사실을 상기해보면 더더욱 그렇다.

독자들이 좀 더 쉽게 이해할 수 있도록 원문의 표현과 내용에 대한 정보를 역주 형식으로 덧붙였는데, 읽는 데 방해가 되지 않기를 바란다. 마키아벨리의 『군주론』은 분명 시간과 공간을 뛰어넘어 우리의 삶을 풍요롭게 해주는 고전으로서 손색이 없다. 다시 읽을 때마다 새로운 의미와 감동을 주는 것이 고전의 진정한 맛과 멋이 아니겠는가. 고전의 가치를 새롭게 발견하고 이 시대에 전하기 위해서 노력하는 출판사 가족 여러분께 감사를 드린다.

마키아벨리 연보

1469년

5월 3일, 이탈리아 피렌체에서 아버지 베르나르도 디 니콜로 마키아벨리와 어

　머니 바르톨로메아 디 스테파노 넬리의 맏아들로 태어남. 위로 누나 두 명

　(프리마베라, 마르게리타)이 있었고, 1475년에 남동생 토토가 태어남.

1476년

라틴어를 비롯한 기초 교육을 받기 시작함.

1481년

남동생과 파올로 다 론치글로네에게 배우기 시작함. 이후 피렌체 대학 교수인

　마르첼로 아드리아니의 문하에서 공부한 것으로 추정됨.

1482년

페라라 출신의 도미니쿠스회 수도자 지롤라모 사보나롤라가 피렌체의 산 마르

코 수도원으로 파견됨.

1489년

12월, 사보나롤라가 설교를 통해서 메디치 가문의 '위대한 자' 로렌초의 권위에 도전함.

1492년

4월 8일, '위대한 자' 로렌초가 죽음.

8월 11일, 스페인 출신 로드리고 데 보르하(이탈리아어로는 보르자) 추기경이 교황 알렉산데르 6세(재위 1492-1503)로 선출됨.

1494년

11월 9일, 프랑스 왕 샤를 8세가 피렌체를 공격하면서 메디치 가문이 쫓겨남.

1495년

7월 25일, 사보나롤라가 로마로 소환되었으나 이를 거부함.

1496년

5월 13일, 교황 알렉산데르 6세가 사보나롤라를 파문함.

1498년

5월 23일, 사보나롤라가 화형을 당함.

6월 15일, 피렌체 공화국 제2 서기국의 서기로 임명됨.

1499년

3월, 피렌체와 피사의 전쟁 문제와 관련해서 피옴비노의 영주 야코포 다피아노에게 파견됨.

7월, 이몰라의 영주 부인 카테리나 스포르차 리아리오에게 파견됨.

1500년

5월 19일, 아버지 베르나르도가 죽음.

7월, 프랑스 왕 루이 12세(재위 1498-1515)의 궁정으로 처음 파견됨.

11월 11일, '그라나다 조약'으로 프랑스 왕 루이 12세와 스페인 왕 페란도 2세
가 나폴리 왕국을 나누어 지배하기로 합의함.

1501년

4월, 체사레 보르자가 로마냐 공작으로 임명됨.

8월, 마리에타 코르시니와 결혼함. 둘 사이에서 여섯 자녀가 태어남.

9월, 체사레 보르자가 토스카나 지방의 시에나와 피옴비노를 점령함.

1502년

6월 24일, 체사레 보르자에게 처음 파견됨.

10월 5일, 체사레 보르자에게 두 번째 파견됨.

10월 9일, 페루자 근처의 마을 마조네에서 체사레 보르자에게 대항하기 위한
모임이 결성됨.

12월 21일, 체사레 보르자를 따라 세니갈리아에 감.

1503년

2월, 페루자를 장악한 체사레 보르자가 토스카나로 지배권을 확장하려다가 루
이 12세의 개입으로 시에나에서 물러남.

8월 18일, 교황 알렉산데르 6세가 죽음.

10월, 새로 선출된 교황 피우스 3세가 갑작스럽게 죽은 뒤 열린 콘클라베(교황
을 선출하는 추기경들의 모임)의 결과를 지켜보기 위해 로마로 파견되었고, 이
때 체사레 보르자와 세 번째 만남.

11월 1일, 줄리아노 델라 로베레 추기경이 교황 율리우스 2세(재위 1503-1513)로 선출됨.

1504년

1월, 프랑스 궁정에 두 번째로 파견됨.

1506년

8월, 로마에 있던 교황 율리우스 2세에게 파견되어 페루자와 볼로냐를 공격하기 위한 교황의 원정에 동행함.

1507년

1월, 피사와의 전쟁을 위한 '9인 군사위원회'의 서기로 임명됨.

12월, 티롤로(독일어 이름은 티롤) 지방에 머무르고 있던 신성 로마 제국의 황제 막시밀리안 1세(재위 1508-1519)에게 파견됨.

1510년

6월, 세 번째로 프랑스 궁정에 파견됨.

1511년

9월, 네 번째로 프랑스 궁정에 파견됨.

10월 4일, 교황 율리우스 2세를 중심으로 '신성 동맹'이 결성됨.

1512년

8월 31일, 피에로 소데리니가 피렌체 공화국의 곤팔로니에레(도시국가의 통치자) 직위에서 물러나고 달아남. 메디치 가문이 스페인 군대와 함께 피렌체로 돌아옴.

11월 7일, 메디치 가문을 수장으로 하는 시뇨리아 체제의 피렌체 정부는 마키아벨리를 제2 서기국 서기 직위에서 해임한 뒤 향후 1년간 피렌체 영토를 떠나지 말고, 금화 1천 피오리노를 보증금으로 내라고 명령함.

1513년

2월, 메디치 가문에 대항하려는 음모가 발각되었는데, 마키아벨리도 연루되었
다는 혐의로 체포되어 고문을 당한 뒤 투옥됨.

3월 11일, 메디치 가문의 조반니 추기경이 교황 레오 10세(재위 1513-1521)로
선출됨. 레오 10세의 즉위를 축하하는 대사면으로 석방된 뒤 피렌체 남쪽에
있는 작은 마을 산탄드레아 인 페르쿠시나의 농장에서 생활하며 집필 활동
에 몰두함.

12월 10일, 친구이자 피렌체의 정치가 프란체스코 베토리에게 보낸 편지에서
De principatibus, 즉 『군주론』을 완성했다고 언급함.

1517년경

『군주론』의 필사본이 피렌체 안팎에서 유통되기 시작함.

1518년

희곡 〈만드라골라〉 집필함.

1519년

『로마사 논고』 집필함.

5월 4일, 피렌체의 영주이자 우르비노 공작이며 『군주론』의 헌정 대상인 로렌
초 데 메디치가 죽음.

1520년

2월, 희극 《만드라골라》 초연됨.

『전술론』 집필함.

11월 8일, 메디치 가문의 줄리오 추기경이 관리하는 피렌체 대학교에서 마키아

벨리에게 『피렌체의 역사』 집필을 맡김.

1521년

8월, 생전에 출판된 유일한 저술 『전술론』이 출판됨.

12월 1일, 교황 레오 10세가 죽음.

1523년

11월 19일, 메디치 가문의 줄리오 추기경이 교황 클레멘스 7세(재위 1523-1534)
로 선출됨.

1525년

1월 13일, 희극 《클리치아》 초연됨.

5월, 교황 클레멘스 7세에게 『피렌체의 역사』를 전달하고자 로마로 감.

1527년

5월 6일, 신성 로마 제국 황제 카를 5세(재위 1519-1556)의 독일 병사들이 로마
를 약탈했고, 산탄젤로성에 피신해 있던 교황 클레멘스 7세는 6월 5일에 항
복해서 카를 5세의 포로가 됨.

5월 17일, 메디치 가문이 다시 피렌체에서 쫓겨남.

6월 10일, 새 정부가 다른 사람을 서기국 책임자로 임명한 뒤 몸져눕게 됨. 위
궤양 또는 만성 충수염이 급성 복막염으로 진행되었다고 추정됨.

6월 21일, 병상에서 세상을 떠남. 이튿날 피렌체 산타 크로체 성당에 묻힘.

1532년

『군주론』이 로마에서 출판됨.

1559년

『군주론』이 교황청의 '금서 목록'(Index Librorum Prohibitorum)에 포함됨.

옮긴이 김운찬

한국외국어대학교 이탈리아어과와 동 대학원을 졸업하고, 이탈리아 볼로냐대학교에서 움베르토 에코의 지도 아래 화두(話頭)에 대한 기호학적 분석으로 박사 학위를 받았다. 현재 대구가톨릭대학교 프란치스코칼리지 교수로 재직 중이다. 원문을 우리말로 분명하게 옮기고 글에 함축된 의미를 새롭게 찾고자 공을 들였다. 저서로 『현대 기호학과 문화 분석』, 『신곡-저승에서 이승을 바라보다』, 『움베르토 에코』가 있으며, 옮긴 책으로 단테의 『신곡』, 『향연』, 아리오스토의 『광란의 오를란도』, 타소의 『해방된 예루살렘』, 에코의 『논문 잘 쓰는 방법』, 『일반 기호학 이론』, 『이야기 속의 독자』, 칼비노의 『우주 만화』, 『교차된 운명의 성』, 『팔로마르』, 파세베의 『달과 불』, 『피곤한 노동』, 비토리니의 『시칠리아에서의 대화』, 마그리스의 『작은 우주들』 등이 있다.

현대지성 클래식 38

군주론

1판 1쇄 발행 2021년 7월 26일
1판 7쇄 발행 2024년 5월 28일

지은이 니콜로 마키아벨리
옮긴이 김운찬
발행인 박명곤 **CEO** 박지성 **CFO** 김영은
기획편집1팀 채대광, 김준원, 이승미, 이상지
기획편집2팀 박일귀, 이은빈, 강민형, 이지은, 박고은
디자인팀 구경표, 구혜민, 임지선
마케팅팀 임우열, 김은지, 전상미, 이호, 최고은

펴낸곳 (주)현대지성
출판등록 제406-2014-000124호
전화 070-7791-2136 **팩스** 0303-3444-2136
주소 서울시 강서구 마곡중앙6로 40, 장흥빌딩 10층
홈페이지 www.hdjisung.com **이메일** support@hdjisung.com
제작처 영신사

ⓒ 현대지성 2021

"Curious and Creative people make Inspiring Contents"
현대지성은 여러분의 의견 하나하나를 소중히 받고 있습니다.
원고 투고, 오탈자 제보, 제휴 제안은 support@hdjisung.com으로 보내 주세요.

현대지성 홈페이지

이 책을 만든 사람들
편집 김준원 **디자인** 구경표

현대지성 클래식 살펴보기